André Niedostadek

Glücksorte im Harz

Fahr hin & werd glücklich

Dieses
Glücksbuch
ist für

Liebe Glücksuchende,

Glücksorte im Harz – das klingt zugleich nach einem Versprechen und einer Einladung. Und genau das möchte dieser Band bieten. Die 80 Orte, die sich hier aufstöbern lassen, machen glücklich. Jeder auf seine ganz eigene Art und stets mit einem besonderen Charme. Insofern ist das Buch ein Versprechen. Zugleich ist es eine Einladung, sich aufzumachen und den Harz, Norddeutschlands höchstes Gebirge, für sich zu entdecken. Mit seinen Sagen und Mythen, seiner Naturfaszination, seiner Geschichte und Kultur und auch seinem Lifestyle, der durchaus modern sein kann. Kreuz und quer geht es von Goslar im Norden bis runter nach Sangerhausen im Süden, von Bad Sachsa im Westen bis nach Halberstadt im Osten. Klassiker mischen sich dabei mit noch unentdeckten Perlen. Eine kleine Schatzkiste für bekennende Harzfans und solche, die es noch werden wollen. 80 Glücksorte klingt nach viel und doch ist es nur eine Auswahl. Natürlich gibt es weit mehr zu entdecken. Insofern mag dieses Buch auch ein Ansporn sein. Wer sich darauf einlässt, die Augen aufhält und alle Sinne schärft, wird hier wie dort eigene Facetten ausmachen. Ganz sicher.

Viel Freude im Harz wünscht

André Niedostadek

Deine Glücksorte ...

... noch mehr Glück für dich

Staunen beim Sonnenaufgang

1 Der Rastplatz Regensteinblick

Das Glück, so heißt es ja oft, findet sich manchmal einfach am Wegesrand. Wie wahr. Beispielsweise auf einem Rastplatz. In diesem Falle ist es der Rastplatz Regensteinblick am Harz-Highway A36 (vormals B6), der östlich am Harz von Vienenburg über Wernigerode weiter Richtung Quedlinburg führt. Nicht, dass sich dieser Rastplatz durch etwas Besonderes auszeichnet. Im Grunde handelt es sich um eine ganz gewöhnliche Ausfahrt, wie es sie zuhauf landauf, landab gibt. Namenspate war übrigens die Burg Regenstein, eine mittelalterliche Felsenburg, die sich in einiger Entfernung gut ausmachen lässt. Doch zurück zu den Rastplätzen. Sie versprühen ja nicht eben einen besonders einladenden Charme. Warum auch? Man ist ja eh auf der Durchreise. Kurz angehalten und schon geht es weiter. Beinahe rast-los. Nicht unbedingt der Ort von Glücksmomenten. Oder vielleicht doch?

Wie ist es, sich bewusst ein paar Minuten zu gönnen? Einmal genauer hinschauen. Was ist denn das? Da hat der Sommer der Flora und Fauna aber doch etwas zugesetzt. Und dafür etwas wunderbar Neues geschaffen. An diesem Morgen in aller Frühe ein Geschenk. Ein magischer Augenblick. Ein Glücksmoment. Da ist er. Nicht morgen, nicht irgendwann. Genau jetzt und genau hier. Die Stimmung beim Sonnenaufgang – einfach perfekt. Glücklich zu sein statt irgendwann glücklich zu werden. Und diesen Moment auskosten. Auch wenn er sich nicht festhalten lässt. Denn dann ist er auch schon wieder passé. Von der aufgehenden Sonne verschluckt. Unwiederbringlich verloren. Schade? Nein, denn die Erinnerung bleibt. Und auch die macht glücklich. Glücksmomente sind wie erste Küsse. Sie wirken nach. Und so wird auch ein gewöhnlicher Rastplatz morgens gegen 6 Uhr zu einem Glücksort. Und Regensteinblick kann überall sein. Und zu jeder Zeit, in jedem Moment. Warum nicht jetzt? Man braucht sich nur darauf einzulassen.

- Rastplatz Regensteinblick an der A36, 38855 Wernigerode
- Anfahrt mit dem Auto

Der kleine Eiffelturm

2

Das Josephskreuz auf dem Großen Auerberg

Einfach den Blick ringsherum schweifen lassen. An nichts denken. Nur die Weite genießen: Vom Kyffhäuser im Süden bis zum Brocken im Norden. Der Harz einmal im kompletten 360-Grad-Panorama. Und wer weiß, vielleicht hat man ja Glück und die Wetterhexen zeigen sich von ihrer gnädigen Seite. Sind das da in der Ferne nicht die Spitzen des Magdeburger Doms?
So oder so ist der Ausblick vom Josephskreuz im Harz einmalig und ein Höhepunkt – im wahrsten Sinne des Wortes. Wollte man mehr, man müsste in einen Heißluftballon steigen. Wer auf dem Boden bleibt und es nach Entrichten eines kleinen Obolus den Turm hinauf bis zur Aussichtsplattform geschafft hat, fühlt sich für jede einzelne der 200 Stufen entschädigt. Aber die muss man erstmal meistern. Einen Aufzug gibt es nicht. Anders als beim großen Bruder in Paris, dem für die Weltausstellung 1889 fertiggestellten und nach seinem Erbauer Gustave Eiffel benannten Eiffelturm. Wenn man die Parallele dazu ziehen möchte. Und die liegt durchaus nahe. Tatsächlich ist das in Türkis gehaltene und 1896 errichtete Josephskreuz nämlich dem französischen Nationalmonument nachempfunden. Vorläufer gab es an dieser Stelle schon früher. So wie ein Holzturm aus den 1830er-Jahren, den der Namensgeber Joseph Theodor Graf zu Stolberg-Stolberg errichten ließ. Mit seinen 38 Metern verhält sich das Josephskreuz zum Eiffelturm zwar eher wie eine Miniaturausgabe. Aber das ist ja oftmals nur eine Frage der Perspektive. Auch Kleines kann groß sein. Vor allem bei einem passenden Sockel. Und der heißt in diesem Fall Großer Auerberg, ist rund 580 Meter hoch und genau richtig, um dem 125 Tonnen schweren und von rund 100.000 Nieten zusammengehaltenen Koloss ein Fundament zu bieten. Und ihn selbst weit sichtbar zu platzieren. Sehen und gesehen werden.
Wege den Auerberg hinauf gibt es viele. So kann man vom Parkplatz am Fuße des Auerbergs aus in rund 20 Minuten Fußmarsch durch den Wald hinauf zum Josephskreuz wandern.

TIPP

Im Miniaturenpark Wernigerode lassen sich detailgetreue Kopien vieler Harz-Highlights bestaunen.

- Ausflugsturm Josephskreuz, Auerberg, 06536 Südharz (OT Stolberg) www.tourismus-suedharz.de/kultur/aussichtsturm-josephskreuz
- Anfahrt mit dem Auto, Parkplatz am Josephskreuz an der L236

Scharf aus Leidenschaft

3

In der Senfmanufaktur in Quedlinburg

Die Homepage klingt wie eine Einladung: „Besuchen Sie uns doch". Warum nicht? Also vorbeigeschaut in der Senfmanufaktur in Quedlinburg. Hier, in ihrer Apotheke, wie Simone Seiboth ihre Arbeitsstätte auch liebevoll nennt, bringt sie Würze ins Leben. Mit Senf. Und der ist ja nicht nur gesund, sondern er macht auch glücklich. Vor allem, wenn er scharf ist. Schärfe lässt die Glückshormone im Körper explodieren. Alles begann mit einem Zufall. Wie so oft im Leben. Archäologen entdeckten hier bei einer Ausgrabung ein Rezept. Offenbar hatten schon die Ottonen vor Jahrhunderten einen guten Geschmack und wussten, wie man Speisen den besonderen Pfiff verpasst. Mit einer Senf-Meerrettich-Soße beispielsweise. Simone Seiboth griff das tausend Jahre alte Rezept auf und brachte den Meerrettich-Senf in die Küchen. Und schuf einen Verkaufsschlager.

TIPP

Regionale Produkte wie der Quedlinburger Senf tragen das Label „Typisch Harz".

Längst hat sich die Angebotspalette erweitert. Geblieben sind die Leidenschaft und die Freude am Experimentieren. Dabei sind auch unkonventionelle Wege gefragt. Die Geschmäcker sind ja schließlich verschieden. Und da ist sicher noch die eine oder andere unentdeckte Geschmacksknospe, die zum Blühen gebracht werden will. Ob scharf, süß, fruchtig oder auch erotisch – beim Senf ist wirklich für jeden etwas dabei. Kreative Vielfalt, die sich auch im Namen zeigt, wie „Knuttenforz" und „Pubarschknall". Im Mittelpunkt stets die Naturküche, vorzugsweise mit Lebensmitteln aus der Region. Net(t)working wird großgeschrieben.

Ihr Wissen und ihre Erfahrung gibt Simone Seiboth in Führungen und Workshops weiter. Dreimal wöchentlich kann man bei Senf-Führungen in ihrer gläsernen Manufaktur hinter die Kulissen schauen, jeweils am Dienstag, Freitag und Samstag um 11.00 Uhr. Da lässt sich allerlei erfahren über Senf als Heil- oder Würzmittel. Noch besser: Man probiert es in der Senf-Werkstatt selbst einmal aus. Erst Senfkörner mörsern und dann zu Senf verarbeiten – ein Glückserlebnis ganz eigener Art.

- Quedlinburger Senfmanufaktur, Neuer Weg 23, 06484 Quedlinburg, Tel. (0 39 46) 6 49 91 42, https://senf-shop.com
- ÖPNV: Zug, Haltestelle Bahnhof Quedlinburg (von dort sind es wenige Minuten zu Fuß), Bus 230, Haltestelle Neuer Weg, Quedlinburg, oder aber mit dem Auto (Parkplätze vor Ort)

Fast für die Ewigkeit

4 Das John-Cage-Orgel-Kunst-Projekt in Halberstadt

Halberstadt, das selbsternannte Tor zum Harz. Eine Stadt, deren Charme sich nicht an jeder Stelle sofort aufdrängt. Zu viel hat das frühere „Rothenburg des Ostens“ seit 1945 und der Zeit danach mitmachen müssen. Dabei gibt es hier vieles zu bestaunen. Am bekanntesten: der Dom und der Domschatz mit seinen jahrhundertealten Kostbarkeiten.

Aber Halberstadt kann die Zeit nichts anhaben. Ein bisschen zeitlos. Wie das Glück. Das ist ja vor allem immer eine Frage des Moments. Wer der Hektik des Alltags einmal entfliehen und bewusst den Augenblick wahrnehmen will, findet dazu ein kleines Juwel abseits des Zentrums in der ehemaligen Klosterkirche St. Burchardi. Sie ist nicht nur eine der ältesten Kirchen der Stadt, sondern seit 2001 auch Aufführungsort für das langsamste Orgelkonzert der Welt: „ORGAN^2/ASLSP“ („As SLow aS Possible“) des amerikanischen Komponisten John Cage (1912–1992). Der vom Buddhismus beeinflusste Künstler, der auch als Revolutionär der modernen Musik gilt, und für den alle Arten von Geräuschen und Sounds Musik waren, wollte das Stück so langsam wie möglich gespielt wissen. Aber was heißt das schon? Die Antwort, die man in Halberstadt auf diese Frage gefunden hat: 639 Jahre. Die auf den ersten Blick ungewöhnliche Zeitspanne lässt sich aber leicht erklären: Im Jahre 1361, also genau 639 Jahre vor dem Start des Projekts, entstand in Halberstadt die weltweit erste Orgel, so wie wir sie heute kennen.

Seit 2022, dem letzten Klangwechsel, erklingen sechs Töne gleichzeitig und das 365 Tage im Jahr 24 Stunden lang – bis zum nächsten Klangwechsel am 5. Februar 2024. Das Projekt soll, so die Idee der Initiatoren, der Hektik unserer heutigen schnelllebigen Zeit gegenüberstehen. Wenn man so will ein musikalischer Beitrag zur Entschleunigung. Es lohnt sich also, Zeit und Geduld mitzubringen. Umherschlendern, hinsetzen und lauschen ist erlaubt. Und wer genau hinhört, wird auf besondere Weise entlohnt: Man vernimmt beinahe ein Stück Ewigkeit.

- John-Cage-Orgel-Stiftung Halberstadt, Am Kloster 1, 38820 Halberstadt, Tel. (0 39 41) 62 16 20, www.aslsp.org
- ÖPNV: Straßenbahn 2, Bus 11, 16, Haltestelle Torteich, Halberstadt

Wie auf Kissen gebettet

5 An der Lutherbuche in Stolberg

Jede Stadt, die etwas auf sich hält, hat ihn, diesen einen Aussichtspunkt für den besonderen Blick. Wer in Stolberg ein eindrucksvolles Panorama erhaschen möchte, folgt dem ausgeschilderten Fußweg zur Lutherbuche, etwas oberhalb der Stadt. Benannt ist sie nach dem bekannten Reformator Martin Luther. Die Stolberger erzählen, Luther habe hier im April 1525 bei einem Spaziergang auf die Stadt hinuntergeblickt und dabei einen berühmt gewordenen Vergleich gezogen. Luther meinte einen Vogel erkennen zu können. Das Schloss sei der Kopf, der Markt der Rumpf und zwei davon ausgehende Gassen seien die Flügel. Heute erinnert eine an einem Baum angebrachte Tafel an dieses denkwürdige Ereignis. Auch wenn es sich nicht mehr um die ursprüngliche Lutherbuche handelt. Die hatte man vor einigen Jahren fällen müssen.

TIPP
Im FRIWI-Stammhaus in der Niedergasse 51 gibt es Keks- und andere Gebäckspezialitäten aus Stolberg.

Ob Luthers Vergleich Legende ist? Vielleicht. Beeindruckend ist der Blick von hier oben aus dennoch. Sattes Grün, so weit das Auge reicht. Und im Tal, tief eingesunken, wie auf Kissen gebettet, die Stadt. Nur das Schloss liegt etwas erhöht und hebt sich als heller Klecks heraus. Das hat übrigens auch selbst eine bewegte Geschichte. Einst im Besitz der Familie Stolberg, diente es zwischenzeitlich auch einmal als ein Ferienheim. Überlegungen, daraus ein Hotel der gehobenen Kategorie zu machen, zerschlugen sich. Mittlerweile gehört es der Deutschen Stiftung Denkmalschutz und wird seit einigen Jahren umfangreich saniert. Teile lassen sich aber schon besichtigen.

Mit einem Fernglas lässt sich von der Lutherbuche aus auf dem Schlossberg übrigens eine kleine Figur ausmachen, die der Künstler Bernd Göbel erschuf. 2006 wurde das Denkmal anlässlich des 500. Geburtstags von Juliana zu Stolberg (1506–1580) enthüllt, die dort zur Welt kam. Juliana gebar 17 Kinder und gilt als die Stammmutter des niederländischen Königshauses. Sie ist also Urahnin Willem-Alexanders, des heutigen Königs der Niederlande. Da hat Luthers Vogel Stolberg seine Flügel weit ausgestreckt.

- Lutherbuche Stolberg Harz, Hainfeld, 06536 Südharz (OT Stolberg)
- ÖPNV: Bus 254, 255, Haltestelle Stolberg Markt, Bus 450, Haltestelle Bahnhof oder Markt, Stolberg (zu Fuß etwa 15 Minuten bis zur Lutherbuche, Weg ab Marktplatz ausgeschildert)

Märchenhaft verwunschen

6 Das Café Froschkönig in Gernrode

Es gibt Orte, die muss man gernhaben. So wie Gernrode. Da ist der Name ja quasi Programm. Das Örtchen kommt beschaulich daher und überrascht dann mit manchem Detail. Hier geht es historisch zu. Wer schon immer einmal wissen wollte, wie der Schulalltag vergangener Zeiten aussah, sollte die Alte Elementarschule ansteuern. Heute ein Museum, ist sie eine der ältesten Schulen hierzulande überhaupt. Und wer meint, die Stiftskirche St. Cyriakus (ein Muss!) wiedererkannt zu haben? Gut möglich. In Sönke Wortmanns Kino-Blockbuster „Die Päpstin" diente sie als Klosterkulisse. Aber Gernrode kann nicht nur alt, Gernrode kann auch groß: Das größte Holzthermometer (7,45 Meter) und die größte Kuckucksuhr (zumindest außerhalb des Schwarzwaldes) sind zwei Gernroder Kuriositäten.

TIPP
Auf den Spuren von Wilhelm Busch lässt es sich in Seesen im Harz wandeln.

Wer nach solchen Superlativen eine Stärkung braucht, lässt es sich von April bis Oktober im Café Froschkönig gut gehen, gleich gegenüber der Stiftskirche. So wie jedes Märchen mit einem „Es war einmal …" beginnt, so hat auch der Froschkönig sein Motto: „Wie in alten Zeiten …". Untergebracht in einem ehemaligen Bürgermeisterbüro entpuppt sich das Ambiente aber alles andere als eine verstaubte Amtsstube. Urig, nostalgisch, verträumt – das ist es wohl eher, was einem angesichts des Dekors in den Sinn kommt.

Und es gibt Frösche. Natürlich, wie könnte es auch anders sein. Was einen gleich glücklich macht. Immerhin gilt der Frosch vielfach als das Glückssymbol. Da mag es einem auch leichter fallen, beim Blick auf die Kuchen und Torten mal ein Auge zuzudrücken und fünfe gerade sein zu lassen. Oder sich bei einer Chili-Schokolade wichtigen Fragen zu widmen: Froschkönig? War da nicht mal was mit einem Märchen, einem Kuss und einem Prinzen? Das Märchen der Gebrüder Grimm gibt es, den Kuss darin – anders als viele glauben – nicht. Den findet man in einem Gedicht von Wilhelm Busch. Aber das ist eine andere Geschichte.

- Der Froschkönig, Burgstraße 1, 06485 Quedlinburg (OT Gernrode), Tel. (0170) 4 60 22 94
- ÖPNV: Bus 240, 242, 245, Haltestelle An der Rose, Gernrode, Anfahrt mit dem Auto

Ein Stoff so alt wie die Erde

7 Die Glasmanufaktur Harzkristall in Derenburg

Glück ist zerbrechlich. Ganz so wie Glas. Mit beidem muss man sorgsam sein. Wie man mit Glas umgeht, weiß man in der Glasmanufaktur Harzkristall in Derenburg nur allzu gut. Dort wird eine Tradition gepflegt, deren Ursprünge uralt sind. Älter als die Menschheit selbst. Lange vor jeder Zeitrechnung ließen Blitzeinschläge und Vulkanausbrüche Quarzsand schmelzen – Glas entstand. Ganz ohne menschliches Zutun. Einfach so. Ein Glück für spätere Generationen, die dazu mit großem Geschick eine Kunstfertigkeit schufen.
Im Harz hat man sich darauf besonnen und eine Erlebniswelt geschaffen, auf die sogar Hollywood aufmerksam geworden ist. Zwischen allerlei gläsernen Gebilden, mal robust, mal filigran, manchmal durchsichtig, oft auch schillernd bunt, lässt es sich stöbern und staunen. Manches überrascht, wie die Weihnachtsausstellung. Christbaumkugeln und adventliches Dekor gibt es hier ganzjährig. Auch eine Art, dem Einerlei des Alltags zu entkommen.
Doch was wäre eine Erlebniswelt ohne eigenes Erleben? Wer sich vortasten will, hat gleich mehrere Möglichkeiten. Führungen zeigen, wie aus den Grundstoffen Quarzsand, Pottasche und Kalk gläserne Kunstwerke entstehen. Jedes für sich ein kleines Meisterwerk. Und vom Vorführen zum Sich-verführen-Lassen ist es nur noch ein kleiner Sprung. Wer Feuer gefangen hat, kann selbst kreativ werden. Vielleicht der eigene Handabdruck aus Glas? Oder gleich die eigene künstlerische Ader in sich entdecken und das Glasblasen einmal ausprobieren? Kein Problem. Nehmen Sie Platz auf der sogenannten Rheinischen Bank. Langsam geht der eigene Atem durch die Glasmacherpfeife in das dickflüssige Glas. Und immer wieder drehen. Keine Sorge, der Glasmacher hilft. Dann mit dem Wulgerlöffel das Glas wulgern. Aber Achtung, es ist heiß. Das Ergebnis kann sich in jedem Fall sehen lassen. Ein bisschen schräg, na und? In jedem Fall einzigartig. Und sollte später doch einmal etwas zu Bruch gehen – kein Problem. Wie war das doch noch? Scherben bringen ja bekanntlich Glück …

- Glasmanufaktur Harzkristall, Im Freien Felde 5, 38895 Derenburg, Tel. (03 94 53) 68 00, www.harzkristall.de
- ÖPNV: Bus 231, Haltestelle Glasmanufaktur Harzkristall, Derenburg

Bootsfahrt untertage

8 Das Bergbaumuseum „Lautenthals Glück“

Kein Harzbesuch ohne einen Abstecher in den Bergbau. Ob Blei, Kupfer und auch Silber – die Gruben brachten der Region über die Jahrhunderte hinweg Wohlstand. Heute ist die Arbeit untertage zwar passé. Gleich mehrere Besucherbergwerke lassen die langjährige Tradition aber noch immer lebendig werden. Und einem ist das Glück dabei quasi ins Stammbuch geschrieben, dem ehemaligen Bergwerk Lautenthals Glück.

In der früheren Freien Bergstadt Lautenthal setzte man vor allem auf Silbererz. Ob für das Prägen von Münzen oder das Herstellen von Schmuck, das Edelmetall war gerade wegen seiner Vielseitigkeit begehrt. Sogar als medizinisches Heilmittel fand Silber Verwendung. Eine Mixtur aus zerkleinertem Silber, vermengt mit allerlei Kräutern und anderen Gewächsen, sollte nicht nur Zipperlein wie Nasenbluten lindern, sondern selbst die Tollwut kurieren.

Wertvolles Silber und Blei werden hier in Lautenthal allerdings schon lange nicht mehr aus der Tiefe geholt. In den 1930er-Jahren war endgültig Schicht im Schacht. Noch heute lässt aber ein Besuch etwas von der Mühsal vergangener Zeiten erahnen. Vom Grubenbahnhof geht es mit der historischen Grubenlok hinein in den Tiefen-Sachsen-Stollen. Modrig, kühl und dunkel ist es dort, wo geschuftet wurde. Zehn Stunden oder mehr waren keine Seltenheit. Hinzu kam noch die Zeit für die Auf- und Abstiege. Wer das auf sich nahm, sah das Tageslicht eher selten.

Eine Kuriosität in „Lautenthals Glück“ ist die Erzschifffahrt, die hier im Oberharz bis Anfang des vorigen Jahrhunderts ausgeübt wurde. Tonnen von Erz wurden dabei über unterirdische Wasserstraßen verschifft. Man kann es in einem rekonstruierten Stollen selbst ausprobieren. Rund zweihundert Meter sind es hin und zurück. Ein Erzkahn steht bereit. Allerdings ohne Ladung. Das macht es leichter. Einfach einsteigen und sich am Zugseil entlanghangeln. Hinein in die Düsternis. Glück auf!

TIPP

Gleich neben dem Parkplatz befindet sich das Restaurant Harzer Schnitzelkönig für „Extremsportesser“.

- Bergbaumuseum „Lautenthals Glück“, Wildemannerstraße 15–17, 38685 Langelsheim, Tel. (0 53 25) 44 90, www.lautenthals-glueck.de
- ÖPNV: Bus 831, 832, Haltestelle Bergbaumuseum, Lautenthal

Grüße aus der Pfalz

9 Die Elwedritsche-Figuren in Wernigerode

Was mag das nur sein? Seltsam sieht sie ja schon aus, diese Bronzefigur. Vielleicht ein Vogel? Der Schnabel lässt daran erinnern. Aber dann diese kleinen Flügelchen. Weit kommen wird er damit wohl nicht. Und sechs Beine? Im Ernst: Welcher Vogel hat schon sechs Beine, gleich drei an jeder Seite? Zumindest wäre er damit recht flink, wobei es sicher drollig aussähe, die herabhängenden Zöpfe links und rechts wild im Wind flattern zu sehen. Und dann diese Stielaugen. Sie scheinen einem ja regelrecht entgegenzuspringen.

Wer hier auf dem Neuen Markt in Wernigerode vor dieser Figur steht, wird staunen. Was ist das? Die Chancen, das Rätsel gelöst zu bekommen, stehen gut, wenn zufällig jemand aus der Pfalz anwesend sein sollte. Denn dort – und nicht im Harz – sind Elwedritsche, sagenumwobene Fabelwesen, die Hühner, Enten, Gänse, Kobolde und Elfen zu ihren Ahnen zählen, eigentlich daheim. Hilfsbereit gegenüber verarmten Weinbauern treiben sie aber auch ihr Unwesen und sind zu manchem Streich aufgelegt. Das soll schon die eine und den anderen in die schiere Verzweiflung getrieben haben.

Hier in Wernigerode sogar einer ganzen Elwedritsche-Familie begegnen zu können, ist ein besonderer Glücksfall. Denn für gewöhnlich handelt es sich um überaus scheue Gesellen. Versteckt im Unterholz sind sie nur schwer zu entdecken (und noch schwerer zu fangen, was in der Pfalz übrigens eine ebenso traditionsreiche, wie weinselige Angelegenheit ist). In Wernigerode zeigen sie sich freimütig. Und das seit 1989. Denn da hatte sich mit der Städtepartnerschaft zwischen Wernigerode und Neustadt an der Weinstraße zunächst eine Elwedritsche-Mutter mitsamt ihrem Ei hierhin aufgemacht. Mittlerweile ist die Familie zu dritt. Der Nachwuchs wagt bereits einen ersten vorsichtigen Blick hinaus in die Welt.

Am besten macht man es sich auf der Bank bequem. Aber Obacht: Unbedacht sollte man sich dem Weibchen nicht nähern. Sie kann noch immer recht schelmisch sein!

- Elwedritsche-Figuren, Neuer Markt, 38855 Wernigerode
- ÖPNV: Bus 201, 202, 204, 250, 264, 265, 270, 274, Zug, Haltestelle Bahnhof, Wernigerode

In der guten, alten Zeit, ungefähr 8 Meilen
vor Weihnachten, lebten im Pfälzer Wald
kleine Kobolde, die den armen Weinbauern
aus manch kniffliger Lage halfen, aber auch

Im Garten der Sinne

10 Im Kräuterpark in Altenau

Erinnert sich noch jemand an die Werbehymne aus Kindheitstagen: „Wrigley's Spearmint Gum, Gum, Gum"? Man sah glückliche Menschen, die beschwingt ein riesiges Kaugummipäckchen unterm Arm trugen. Und über allem das Versprechen der großen echten Frische und des Geschmacks der reinen Minze. Genau der Spot kommt einem in den Sinn, wenn man durch den Kräuterpark Altenau schlendert und das Auge auf die grüne „Spearmint"-Minze fällt. Die lässt sich hier als eine von vielen Pfefferminzarten in Natura betrachten. Oder gleich mit allen Sinnen entdecken. Denn nicht nur das Schnuppern, sondern auch das Probieren sind oftmals erlaubt.

Eintauchen können in fremde Welten voller Farben, Düfte und Geschmäcker. Zu verdanken ist das Erich Jürgens. Der Globetrotter hatte sich ganz den Aromen verschrieben. Dazu trug er über Jahre hinweg neben einem immensen Wissen auch ungezählte einheimische und exotische Kräuter und Gewürze zusammen – und schuf damit den Kräuterpark. Ein Blickfang: die Gewürzpagode, ein im asiatischen Stil gehaltener Pavillon. Wenige Stufen hinauf und man ist inmitten einer Bilderreise durch die Geschichte der Gewürze. Schließlich wusste man um deren Wirkungen schon in der Antike. Und das nicht nur bei kleineren oder größeren Zipperlein. Da sah man bisweilen geradezu göttliche Kräfte am Werk. So stark, dass die Griechen die Alraune oder den Safrankrokus niemand Geringerer zuschrieben als Aphrodite, der Göttin der Liebe.

Die Kräuter- und Gewürzwelt ist vielfältig und Kräuter sind wieder „in". Um die Seele ins rechte Lot zu bringen und natürlich, um den guten Geschmack zu treffen. Schließlich verleiht erst die passende Zutat einem Gericht den besonderen Pfiff – und sorgt für die gute Laune beim Essen. Ein Besuch im Kräuterpark kostet nicht die Welt, macht aber allemal glücklich.

● Kräuterpark Altenau, Schultal 11, 38707 Altenau, Tel. (0 53 28) 91 16 84
www.kraeuterpark-altenau.de

● ÖPNV: Bus 831, 861, Haltestelle Markt, Altenau
(von dort etwa 5 bis 6 Minuten zu Fuß)

Bühne mit Biss

11 Im AndersWeltTheater in Stolberg

Theater ist anders und Theater kann anders. Es lässt eintauchen in eine andere Welt. Und abseits von makellos durchgestylten Großinszenierungen sowieso. Wie im AndersWeltTheater in Stolberg. Da geht das mit Bravour. Der Name ist hier mehr als Programm. Dort steht man nicht nur mit Leidenschaft auf den Brettern, die die Welt bedeuten. Das, was Christiane und Mario Jantosch hier in ihrem kleinen, aber feinen Festspielhaus mit Hingabe zelebrieren, sucht an Originalität seinesgleichen: Theater trifft auf Restaurant. Ein Festspiel für die Sinne auf ganz andere Art. Da bekommen Begriffe wie „sinnvoll" oder „geschmackvoll" im Rahmen eines Theaterbesuchs eine unerwartete Bedeutung. Und es ist ja oft das Überraschende, das glücklich macht.
Eine Kostprobe? Nehmen wir das Stück „Süße Liebe und Magenbitter". Erster Akt: Begrüßung mit Vorspeise. Das Rezept ist auf das Stück hin abgeschmeckt. Wie immer. Und wie alles, was auf die Teller kommt, selbst zubereitet. Ohne hier zu viel zu verraten: Erbsen und Äpfel spielen eine Hauptrolle. Adam und Eva waren Naschkatzen. Dann geht es hinauf. Zweiter Akt: Der Vorhang öffnet sich. Obwohl, den gibt es gar nicht. Man ist gleich mittendrin. Und so lässt sich den vielfältigen Betrachtungen über die Liebe lauschen. Geschichten, Gedichte und Lieder, mal heiter, mal nachdenklich. Dritter Akt: Das Hauptmenü. Die Augen erspähen „Schmetterlinge im Bauch". Werden da Erinnerungen wach? Kommen Frühlingsgefühle auf? Man unterhält sich angeregt und der Gaumen genießt. Vierter Akt: Der Betrachtungen zweiter Teil. Das Zusehen wird zum kurzweiligen Mitmachen. Ist jetzt tatsächlich schon der fünfte Akt des Menüs angerichtet? Wie doch die Zeit vergeht. Das Dessert als süßer Abschluss lässt einen schönen Abend genüsslich ausklingen. Was bleibt, ist die Gewissheit: Beim nächsten Stück ist schon wieder alles anders.
„Überall ist AndersWelt", so das Motto des Theaters. Mag sein. In Stolberg hat diese originelle und unvermutete Theaterperle jedoch ihr Zuhause.

- AndersWeltTheater, Am Markt 2, 06536 Südharz (OT Stolberg), Tel. (03 46 54) 1 05 50, www.anderswelt-theater.de
- ÖPNV: Bus 254, 255, Haltestelle Markt, Stolberg, Bus 450, Haltestelle Bahnhof oder Markt

Ein Hauch von Hawaii

12 Der Wasserfall in Königshütte

Ist der Vergleich mit Hawaii bemüht? Möglicherweise. Dabei teilen der Harz und Hawaii, dieses verwunschene Archipel irgendwo am Ende der Welt, durchaus manche Gemeinsamkeit. Und das sind nicht nur die Anfangsbuchstaben der Namen. Beide bersten von Legenden und Mythen und beide sind geprägt durch ihre Natur, was auf Hawaii nicht nur exotische Strände mit feinem, weißem Sand bedeutet. Hawaii ist auch das Land der Wasserfälle.
Überhaupt, Wasser, dieses Elixier des Lebens. Der Blick darauf fesselt ähnlich wie der Blick ins Feuer. Wasserfälle strahlen dabei eine ganz besondere Faszination aus. Manchmal atemberaubend, voll donnerndem Getöse, manchmal einfach beruhigend durch ein sanftes Rauschen. Kein Wunder, dass dem Wasser seit jeher auch eine entspannende Wirkung zugeschrieben wird.
Einen lohnenden Abstecher bietet der Königshütter Wasserfall ganz in der Nähe des Dörfchens Königshütte. Der in einem ehemaligen Steinbruch künstlich angelegte Wasserfall kommt – anders als so mancher Wassersturz auf Hawaii – ganz ruhig daher. Ein gemütliches Plätschern. Dafür lässt er sich ganz problemlos erreichen, ohne dass man dafür eigens einen Hubschrauber zu chartern bräuchte. Wer bei einer Wanderung auf dem Harzer-Hexen-Stieg hier vorbeikommt: Ein Rast- und Grillplatz am Fuße des Wasserfalls lädt zu einer willkommenen Pause ein. Vielleicht noch ein paar Tropenfrüchte eingepackt – Ananas, Mango oder Papaya – und einem entspannten Verweilen steht nichts mehr entgegen.
Einfach mal den Kopf zurücklehnen, die Augen schließen und dem aus einigen Metern Höhe plätschernden klaren Quellwasser lauschen, das sich dann weiter in einen kleinen Bach ergießt. Es sei denn, es ist Winter und alles ist gefroren. Aber auch dann, wenn das Eis ein bizarres Bild zeichnet, lohnt ein Besuch.

TIPP

Ebenfalls einen Abstecher wert ist der Radauwasserfall bei Bad Harzburg.

- Der Königshütter Wasserfall, nahe der Bundesstraße 27, im OT Rothehütte, unweit der Eisenbahnbrücke der Rübelandbahn
- ÖPNV: Bus 264, 265, Haltestelle Neue Hütte, Königshütte, Anreise mit dem Auto oder wandernd über den Harzer-Hexen-Stieg

Licht und Schatten

13 Das Wilhelm-Busch-Denkmal in Seesen

Kindheitserinnerungen werden wach: Ob Max und Moritz oder die fromme Helene, ob Fipps, der Affe, oder Hans Huckebein, der Unglücksrabe – die Werke von Wilhelm Busch (1832–1908) sind legendär. Und sie haben viele Generationen beglückt. Auf ihren Schöpfer kann man in Seesen stoßen. Vor dem Rathaus erinnert eine lebensgroße Figur des Künstlers Hans Gerd Ruwe an den Urvater der Comics.
Bilder sind ja immer das Spiel mit Licht und Schatten. Beides prägte auch das Leben von Wilhelm Busch. So humoristisch und satirisch uns seine Bildergeschichten erscheinen, er selbst war wohl eher ein zurückhaltender, ja ernster Charakter. 1832 kommt er in der Nähe von Hannover zur Welt. Zunächst studiert er Maschinenbau, sattelt dann später auf ein Kunststudium um. Ein glückliches Händchen hat er dabei jedoch nicht. Schließlich überwirft er sich noch mit seinen Eltern, die ihn lange Zeit finanziell unterstützten. Keine freudige Zeit. Er überlegt sogar, auszuwandern. Zumindest finanziell verbessert sich seine Situation mit dem Erfolg der ersten Bildergeschichten, allen voran den Streichen von Max und Moritz. Künstlerischen Wert hatten die für ihn nicht. Doch nicht alle Werke haben Erfolg. Er stürzt sich immer wieder in die Arbeit und sucht in dunklen Stunden auch Zuflucht im Alkohol. Seine letzten Lebensjahre verbringt Busch, der Zeit seines Lebens Junggeselle geblieben ist, in Mechtshausen, nur wenige Kilometer von Seesen entfernt. Das ehemalige Pfarrhaus beherbergt heute das Wilhelm-Busch-Haus. Kurz nach dem Ortseingang weisen Max und Moritz die Richtung des Weges.
Sein persönliches Glück scheint Wilhelm Busch nie wirklich gefunden zu haben. Vielleicht war aber auch das ein Motor seines Schaffens. Sein Werk ist unvergessen. Auch weil er uns einen Spiegel vorhält, der uns davor bewahrt, alles durch eine rosarote Brille zu sehen. Oder, um es mit seinen Worten zu formulieren: „Fortuna lächelt; doch sie mag nur ungern voll beglücken; schenkt sie uns einen Sommertag, schenkt sie uns auch Mücken."

- Wilhelm-Busch-Denkmal, Marktstraße 1, 38723 Seesen
- ÖPNV: Bus 650, 837, 859, Haltestelle Jacobsonstraße, Seesen

RATHAUS

Auf Schatzsuche

14 Im Antikladen „Oll is Toll" in Westerhausen

Dass der Harz ein geradezu prall gefülltes Schatzkästlein ist, dürfte hinlänglich bekannt sein. Unerwartetes und Spannendes lauern beinahe hinter jeder Ecke darauf, entdeckt zu werden. Oder hinter verschlossenen Türen. Dann ist die Neugier in ganz besonderer Weise geweckt. Ein wenig darf man sich fühlen wie bei Alice im Wunderland. Vielleicht pulsiert dahinter das Leben. Oder man wird in andere Zeiten katapultiert. Und tatsächlich: Eintauchen in längst vergangene Zeiten – das ist Antik & Rares „Oll is Toll" in Westerhausen. Von außen wirkt die Scheune direkt an der Durchfahrtsstraße noch unscheinbar. Tritt man jedoch ein und öffnet man die erste Tür, zeigt sich bereits eine andere Welt. Und dann ist da ja noch eine weitere Tür. Ein bisschen ist es wie beim Öffnen der Kläppchen eines Adventskalenders. Dann ein paar Treppen nach oben. So geht es immer weiter.

Was sich dem Auge hier zeigt, lässt jedes Sammlerherz im puren Glück schwelgen. Schmuck, Besteck, Kommoden und Schränke, Gemälde, Leuchter, alte Musikinstrumente, Spielzeug von früher und unzählige weitere Fundstücke. Es scheint wirklich nichts zu geben, was es nicht gibt. Pickepacke voll. Bis unters Dach. Was jedes einzelne Fundstück für eine Geschichte zu erzählen hätte? Von vergangenen Zeiten. Man würde gerne zuhören.

Das Stöbern. Da kommt es wieder heraus. Das Ursprüngliche. Irgendwie sind wir noch immer alle Jäger und Sammler. In jedem von uns steckt doch irgendwo ein bisschen Lara Croft oder Indiana Jones. Auf den Spuren verlorener Schätze. Muss wohl in den Genen liegen. Aber es macht ja auch Spaß. Vielleicht ist es auch die Sehnsucht, der Wunsch, ein kleines oder größeres Kleinod zu entdecken. Da kann selbst ein verblichenes Comicheft ein Feuerwerk an Endorphinen entfachen. Und so sind wir alle immer unterwegs. Und sei es nur für einen Augenblick auf einer beglückenden Schatzsuche.

- Oll is Toll Antikes & Rares in Westerhausen, Straße des Friedens 358, 06502 Thale (OT Westerhausen), Tel. (0 39 46) 6 23 68, www.fundus-harz.de
- ÖPNV: Bus 230, 252, Haltestelle Deutsches Haus, Westerhausen Anfahrt mit dem Auto

Chillen auf dem Indianerpfad

15 Im WeltWald Harz bei Bad Grund

Ursprünglich war er ein Experiment, der WeltWald Harz bei Bad Grund. Nachdem ein Sturm den Bestand des Fichtenwaldes stark in Mitleidenschaft gezogen hatte, kam die Idee auf, mit fremden Baumarten zu experimentieren. Andere Länder, andere Wälder. Und so hantierte man seit Mitte der 1970er-Jahre mit Hunderten mehr oder weniger exotischen Gehölzen. Das Ergebnis: Ein Arboretum, eine Sammlung von Bäumen und Sträuchern. Der Kirschbaum aus Japan oder der Mammutbaum aus Nordamerika wurden schnell heimisch. So wie viele andere Arten auch. Und der WeltWald zog das Publikum an wie ein Magnet.

Ein mehrere Kilometer langes Wegenetz durchzieht das Areal. Auf verschiedenen Pfaden lässt sich das besondere Flair durch alle Jahreszeiten hindurch erkunden. Der etwas mehr als 3 Kilometer lange Blütenweg empfiehlt sich vor allem für die Monate Mai und Juni. Dann stehen die Japanische Kirsche oder der Rhododendron in Blüte. Dagegen lassen sich zwischen September und Oktober auf dem etwas mehr als 4 Kilometer langen Herbstlaubweg auch im Harz Momente des „Indian Summer“ erleben, der dann so richtig auflebt. Ein buntes Fest nicht nur für die Augen. Das merkt man beispielsweise, wenn man sich dem Lebkuchenbaum nähert. Wer etwas abenteuerlustiger unterwegs ist, schlägt sich querfeldein auf dem Indianerpfad durch das Unterholz. Auf leisen Sohlen. Stelen mit einer weißen Feder samt schwarzer Spitze weisen den Weg. Hier ist festes Schuhwerk angebracht. Es geht vorbei an Totempfählen über eine Hängebrücke hinweg und unter einem Indianergrab hindurch. Auf einer Baumliege kann man den Manitu einfach mal Manitu sein lassen und zwanglos verweilen. In den WeltWald hinein findet man wahlweise über den Westamerika-, Ostamerika-, Kanada- oder den Asieneingang. Es gibt auch einen etwas kürzeren und leichter zu bewältigenden barrierefreien Weg. Der Park ist rund um die Uhr frei zugänglich. Der Besuch ist kostenlos.

- WeltWald Harz, Kanadaweg, 37539 Bad Grund, Tel. (0 53 27) 82 91 03 (Ansprechpartner für Führungen, Revierförster) www.bad-grund-harz.de/exotenwald.html
- ÖPNV: Bus 460, Haltestelle Hübichenstein, Bad Grund

Glück zu!

16 Die Teufelsmühle in Warnstedt

Sie würde sich auch in Holland ganz prächtig machen. Oder vielleicht in Spanien? Doch die Teufelsmühle von Warnstedt findet man im Südharz – und genau da passt sie auch hin. Wem der Trubel vom nicht weit entfernten Hexentanzplatz zu viel ist, findet hier das Kontrastprogramm. Nur wenige ziehen sich dorthin zurück. Eher ein Ort für Eingeweihte.

Aus welcher Richtung man sich Warnstedt auch nähert, ob aus Quedlinburg, Thale oder Wedersleben, die Mühle auf dem Eckberg ist eigentlich nicht zu übersehen und lässt sich von vielen Seiten gut ausmachen. Und das seit über einhundertfünfzig Jahren. Erbaut wurde sie 1855. Bis 1938 war sie in Betrieb. Dann kam die Technik und damit für die Mühle das Aus. Auch wenn das uralte Mühlenhandwerk inzwischen eine fast verloschene Kunst ist, haben Mühlen selbst nichts von ihrer Faszination verloren. Das mag vielleicht an ihrer Symbolkraft liegen. Die Kornernte musste jedenfalls erst einmal gemahlen werden. Erst dann ließ sie sich weiterverarbeiten. Mühlen gelten daher auch als Sinnbild der Verwandlung. Und die ist ja aktueller denn je. Gerade in unserer schnelllebigen Zeit scheint sich vieles zu ändern.

Die Teufelsmühle selbst ist inzwischen bestens restauriert. Auch wenn die Räder heute stillstehen und die Flügel nicht bespannt sind – sie könnte mahlen. Alles funktioniert wie geschmiert. „Glück zu!“ möchte man ihr zurufen. Der alte Gruß der Müllergesellen auf der Walz. Und es sich dann selbst im Schatten der Mühle bequem machen. Gegen Windmühlen kämpfen wie ein Don Quichotte auf seinem Ross Rosinante? Nein, heute nicht. Raus aus der Tretmühle des Alltags. Auch das kann Glück sein. Einfach lauschen: Dem Wind, den Flügeln, die selbst dann knarren, wenn sie sich nicht drehen. Was braucht es noch? Nicht viel. Vielleicht einen Picknickkorb. Mit einer Brotzeit. Natürlich.

TIPP

Mühlen gibt es im Harz mehrere, wie etwa die Danstedter Bockwindmühle „Mathilde“.

- Warnstedter Mühle, Weddersleben Weg, 06502 Thale (OT Warnstedt)
- ÖPNV: Bus 251, Haltestelle Mühle, Warnstedt, oder Anfahrt mit dem Auto

Das Chamäleon

17 Der Blaue See bei Hüttenrode

Blau ist die Lieblingsfarbe vieler Menschen. Vielleicht auch wegen ihrer Symbolkraft. Sie steht ebenso für Kälte wie für Gelassenheit, Sehnsucht, Stille oder Freiheit. So gesehen ist der Blaue See zwischen Hüttenrode und Rübeland ein perfekter Glücksort, um sich zurückzuziehen. Wenn auch künstlich geschaffen. Denn wie so vieles im Harz ist auch der Blaue See kein natürlicher See, sondern ein Überbleibsel des Bergbaus. Von 1885 an bis in die 1950er-Jahre hinein wurde hier Kalkstein abgebaut.

Der Blaue See ist zugleich ein Chamäleon. So wie dieses die Farbe wechseln kann, so verändert sich auch die Farbe des Sees. Leuchtend türkisblau lässt das klare Wasser den See nur im Frühjahr schimmern. Dann sorgt der Kalk dafür, dass nahezu alle Farben verschwinden – bis auf Blau. Ein Naturereignis, das für den kleinen See namensgebend wurde. Zum Sommer hin wandelt sich die Farbe des Wassers dann durch Algen und Schwebstoffe in ein oft sattes Grün, das nicht weniger reizvoll erscheint. Im Herbst und im Winter kann der See sogar ganz austrocknen, um schließlich im nächsten Frühjahr wieder erneut zu bezaubern. Der Blaue See lässt sich von vielen Seiten aus bestaunen. Ein kleiner und streckenweise durchaus etwas steiler Pfad führt einmal drumherum.

TIPP
Se(e)henswert ist auch die Rhumequelle nahe Rhumspringe zwischen Duderstadt und Herzberg.

Zu erreichen ist er am besten vom Parkplatz an der Bundesstraße 27 aus. Von dort sind es nur wenige hundert Meter zu Fuß. Ein Weg, der gerade an sonnigen Wochenenden überaus beliebt ist. Dann wird der Blaue See zu einem geschätzten Ausflugsziel für Badelustige und Sonnenhungrige. Und dann zeigt sich zugleich auch, wie empfindlich manche Glücksorte sein können. Dabei wäre es so einfach, die eigenen Hinterlassenschaften wieder mitzunehmen. Und eigentlich eine Selbstverständlichkeit. So ließe sich der See auch stets als das erleben, was er ist: ein blau-grünes Glückswunder.

- Der Blaue See, an der B 27, zwischen Hüttenrode und Rübeland
- Anfahrt mit dem Auto, Parkplatz an der B 27

Im Freundschaftstempel

18

Das Gleimhaus in Halberstadt

Was macht glücklich? Freundschaften zu pflegen beispielsweise. Und im Harz gibt es wohl niemanden, der so eindringlich dafür steht wie Johann Wilhelm Ludwig Gleim. Wer? Gleim? Nie gehört?
Gleim kommt im April 1719 in Ermsleben, einer kleinen Stadt am nord-östlichen Rand des Harzes nahe Falkenstein, zur Welt. Nach dem Studium in Halle und Stationen in Potsdam und Berlin führt ihn sein Weg 1747 als Domsekretär nach Halberstadt, wo er es zu Wohlstand und Ansehen bringt. Hier kann er auch seinem Faible für die Literatur frönen. Er macht sich sogar selbst einen Namen als Dichter. Vor allem aber trägt er im Laufe seines langen Lebens umfangreiche Sammlungen an Büchern, Briefen und Bildern zusammen. Sie sind zugleich Ausdruck dessen, wofür Gleim der Nachwelt bekannt bleiben wird: Seine zahlreichen freundschaftlichen Beziehungen, die er zu den großen und weniger großen Persönlichkeiten seiner Zeit pflegt. Ob Johann Gottfried Herder, Anna Louisa Karsch, Friedrich Gottlieb Klopstock, Gotthold Ephraim Lessing, Jean Paul oder Elisa von der Recke (eine inzwischen fast vergessene Dichterin, die damals aber sogar von Zarin Katharina der Großen gefördert wurde) – „Vater Gleim" kennt sie alle. Viele lässt er für seinen „Freundschaftstempel" porträtieren, seine noch immer beeindruckende Bildnisgalerie. Gleim entspricht damit ganz dem Zeitgeist und Ideal, Freundschaften zu pflegen. Eine Fähigkeit, die heute – trotz Facebook – vielfach verloren gegangen scheint, bei der Gleim es aber zu einer wahren Meisterschaft brachte. 1803 stirbt er in Halberstadt. Im Gleimhaus, dem ehemaligen Wohnhaus neben dem Dom, sind bis heute seine Sammlungen zu bestaunen. Ein einzigartiges Kaleidoskop des Zeitalters der Aufklärung. Das Gleimhaus schmückt sich sogar mit dem Attribut, offizieller (und einziger) Pate des Wortes „Freundschaftskultur" zu sein. Und wer das Museum wieder verlässt, mag vielleicht ein Zitat Gleims in Erinnerung behalten: „Nur wer glücklich ist, kann glücklich machen. Wer's tut, vermehrt sein eigenes Glück."

TIPP

Im Gleimhaus finden auch regelmäßig kulturelle Veranstaltungen statt.

- Gleimhaus – Museum der deutschen Aufklärung, Domplatz 31, 38820 Halberstadt, Tel. (0 39 41) 68 71-0, www.gleimhaus.de
- ÖPNV: Straßenbahn 1, 2, Bus 11, 12, 13, 14, Haltestelle Holzmarkt, Halberstadt

Baumverbunden

19 Unter der Sommerlinde im Kloster Drübeck

Mächtig steht sie da. Allein ihr Stamm hat einen Umfang von über 5 Metern. Und dann die imposante und ausladende Krone. Beinahe wirkt es so, als wolle sie alles um sich herum überdachen. Die Sommerlinde im ehemaligen Benediktinerinnenkloster Drübeck bei Ilsenburg ist ein echter Hingucker. Vor fast 300 Jahren wurde sie gepflanzt. Das heißt, eigentlich waren es damals sieben Linden. Über die Generationen hinweg sind sie zu einem Baum zusammengewachsen. Heute ist die Klosterlinde eines von über 80 Naturdenkmälern der Region. Und das zu Recht.
Tief hängen die Äste. Teils reichen sie in einem weiten Bogen bis zum Boden. Hier kann man ganz entspannt den Gedanken nachhängen. Dann wird auch schnell klar, warum Linden seit jeher die Menschen angezogen haben. Ob Freiheit, Gerechtigkeit, Gastfreundschaft oder die Liebe – Linden besitzen eine hohe Symbolkraft. Irgendwie beseelt und beglückend. Orte, an denen man sich traf und trifft, so wie hier in Drübeck.
Als eine der ältesten Klostergründungen Mitteldeutschlands diente das Kloster über 1100 Jahre lang als Damenstift. Heute beherbergt die geschichtsträchtige Anlage unter anderem eine moderne kirchliche Tagungsstätte. Wer sich aufmacht, das weitläufige Areal zu entdecken, wird viele weitere Flecken finden, die zum Innehalten, Entspannen und Besinnen einladen, wie die Klosterkirche, die Klostergärten oder die Galerie. Und es lässt sich hier hinter den Klostermauern auch genießen, beispielsweise im Kloster-Café, das im ehemaligen Gärtnerhaus untergebracht ist. Das bietet sich auch immer mal wieder für eine Stippvisite an, etwa wenn man mit dem Fahrrad in der Region unterwegs sein sollte. Überhaupt lohnt es sich, das Kloster im Auge zu behalten. Allein wegen der vielen Veranstaltungen, die hier ganzjährig stattfinden. Legendär ist die Romantische Nacht. Aber aus welchem Grund man auch immer hierher findet – ein Abstecher bei der Sommerlinde sollte nicht fehlen.

TIPP

Das Kloster Drübeck ist nur eine von mehreren Stationen auf dem Harzer Klosterwanderweg.

● Ev. Zentrum Kloster Drübeck, Klostergarten 6, 38871 Drübeck
kloster-druebeck.de
● ÖPNV: Bus 270, 274, Haltestelle West, Drübeck

Wildromantisch

20 Auf der Verlobungsinsel in der Oker

Einmal allein auf einer Insel? Oder doch vielleicht zu zweit? Im Harz könnte man Glück haben. Denn dort gibt es ein kleines unbewohntes Eiland. Das findet man, anders als man meinen könnte, aber nicht in einem der vielen Seen oder Teiche. Es handelt sich um eine Flussinsel. Mitten in der Oker: Die Verlobungsinsel. Etwas unterhalb der Okertalsperre gelegen und nicht weit entfernt von Romkerhall, dem selbsternannten kleinsten Königreich.

Zu erreichen ist das Atoll à la Harz nur per pedes. Hinüber führt eine Brücke. Es gibt keine Autos, keine Fähre, kein Hotel. Aber leider auch keine weitläufigen Sandstrände. Eher ein ursprünglicher Charakter mit lauter knorrigen Wurzeln. Romantisch? Wild? Wildromantisch! Ein Inselaufenthalt der anderen Art.

TIPP
Von hier aus lohnt ein Abstecher zum Romkerhaller Wasserfall.

Weshalb dieser kleine, ja winzige Flecken, den man blitzschnell umrundet hat, ausgerechnet „Verlobungsinsel" heißt? Dazu ist nichts überliefert. Und das, obwohl der Harz ja ansonsten wirklich nicht eben arm an Sagen und Legenden ist. Wer ganz abgefeimt ist, könnte einwerfen, das raue Eiland biete schon einmal einen Vorgeschmack auf das, was nach der Hochzeit kommt. Auch das Schild „Lebensgefahr", das unübersehbar an einem der Bäume befestigt ist, würde dann eine ganz neue Bedeutung bekommen. Dabei warnt es vor etwas ganz Realem. Zwar plätschert die Oker die meiste Zeit gemütlich an der Verlobungsinsel vorbei. Doch das ist nicht immer der Fall. Wird aus der Okertalsperre Wasser abgelassen, verwandelt sich das idyllische Flüsschen in einen durchaus reißenden Strom. Im Sekundentakt krachen etliche Kubikmeter Wasser das Flussbett hinab, vorbei an riesigen Steinquadern und ruppigen Felsformationen. Dann wird die Oker zu einem Glücksfall für Wildwasserkanuten.

Es lohnt sich durchaus, bei einem angedachten Besuch etwas Verpflegung mitzunehmen. Gegenüber der Verlobungsinsel findet man etwas oberhalb gelegen einen kleinen Rastplatz.

- Verlobungsinsel in der Oker
- Anfahrt mit dem Auto, Parkplatz am „Kleinsten Königreich der Welt", Gasthaus Romkerhall an der B 498, dann zu Fuß flussabwärts der Beschilderung folgen

Gut gebrüllt, Drache

21 Der Drachenbrunnen im Schlosspark Ballenstedt

Erinnert sich jemand an Grisu, den kleinen Drachen aus der gleichnamigen italienischen Zeichentrickserie? Feuerwehrmann wollte er werden. Sein ruppiger Vater Fumé hätte den Sohnemann jedoch lieber als furchterregenden und feuerspeienden Heißsporn gesehen. Und tatsächlich, so ganz aus seiner Haut konnte der Junior nicht. Und so stand früher oder später rings herum doch vieles versehentlich in Flammen.

Der Drache im Schlosspark Ballenstedt ist da schon einen Schritt weiter. Von seiner Felseninsel schickt er selbst gleich einen meterhohen Wasserstrahl in den Himmel. Beeindruckend! Da wahrt man besser ein bisschen die Distanz. Wobei je nach Standort und Windrichtung doch ein leichter Sprühregen hinüberwehen kann.

Gestaltet hat die Parkanlage der preußische Gartenkünstler und Landschaftsgestalter Peter Joseph Lenné (1789–1866). Der war ein Meister seines Fachs. Auch der bekannte Potsdamer Park von Sanssouci trägt seine Handschrift. Und der gehört immerhin zum Weltkulturerbe der UNESCO.

Hier in Ballenstedt bot sich für Lenné reichlich Platz, um sich auszutoben und den kreativen Ideen freien Lauf zu lassen. Über eine Fläche – so groß wie etwa 40 Fußballfelder – erstreckt sich die Parkanlage, die das ganze Jahr hindurch frei zugänglich ist. Einen Blickfang bildet die terrassenförmig angelegte Wasserachse. Sie zieht sich vom Drachenbrunnen über vier Bassins in den Park hinab. Eine Hommage an die Gärten italienischer Villen.

Und so lässt sich prima umherschlendern und vielleicht auch die eine oder andere lauschige Ecke ausmachen. Und dabei ein bisschen in Drachenmanier philosophieren. Wie brachte es doch Grisu immer wieder auf den Punkt? „Weniger Feuer, mehr Blumen braucht die Welt."

Wer den Park und die Harzlandschaft ringsherum einmal aus einer ganz anderen Perspektive erleben möchte, dem sei der Besuch des Schlosses Ballenstedt, direkt oberhalb des Parks, empfohlen.

- Schlosspark Ballenstedt, Schlosspark 3, 06493 Ballenstedt
- ÖPNV: Bus 241, Haltestelle Schlossplatz, Ballenstedt, oder Anfahrt mit dem Auto

Rosartig

22 Im Europa-Rosarium in Sangerhausen

Sie gilt seit jeher als die Königin der Blumen: Die Rose. Die Rose? Richtiger wäre es wohl, von den Rosen zu sprechen, denn die Gattung „rosa", so der lateinische Name, umfasst einen bunten Strauß an Rosenarten. Wie viele es genau sind, weiß man gar nicht. Da sind sie sich nämlich uneins, die Gelehrten der Rhodologie (auch die gibt es!). Man kann sich also auch wissenschaftlich mit Rosen beschäftigen. Muss man aber nicht. Viel besser lassen sie sich einfach genießen. Einig sind sich insofern alle: Rosen machen glücklich. Sie ziehen uns seit jeher in den Bann und gelten nicht ohne Grund als das Symbol für die Freude und – natürlich – die Liebe.

Sich der Magie von Rosen hingeben und sich von ihrem Anblick be- und von ihrem Duft verzaubern zu lassen. All das geht einmalig gut in der Rosenstadt Sangerhausen. Im Europa-Rosarium – dort ist die weltweit größte Rosensammlung zuhause. Seit über einhundert Jahren hat man sich hier den Rosen, ihrer Geschichte und dem vielfältigen Drumherum verschrieben. Und das mit Herz und Seele.

TIPP

Einen hübschen kleinen Rosengarten gibt es auch am Port-Louis-Platz in Bad Harzburg.

Das Rosarium will aber nicht nur ein lebendiges Rosenmuseum sein, sondern Rosenliebhabern (oder solchen, die es werden wollen), einen Ort der Besinnung bieten. Im Rosenpark mit einer bestechenden Vielfalt von Zehntausenden Rosensträuchern kann man nach Belieben umherwandeln. Auch barrierefrei. Wenn sich alles in voller Pracht präsentiert, lässt sich eintauchen in einen Ozean aus unzähligen Rosenblüten. Im wahrsten Sinne des Wortes rosige Aussichten. Es scheint beinahe so, als wollten sich die Rosen dann mit ihren Düften, Farben und Formen übertreffen. Wer von alledem berauscht ist: Nischen zum kurzen Verweilen oder zu längerem Abschalten und Entspannen gibt es reichlich. Und bei einem Roseneis lässt sich vielleicht darüber nachdenken: Gibt es eigentlich die eine Glücksrose?

Das Europa-Rosarium ist ganzjährig zugänglich. Der Eintrittspreis ist saisonabhängig. Ein Blühkalender auf der Homepage gibt zudem Orientierung zu den Blühzeiten.

- Europa-Rosarium, Am Rosengarten 2A, 06526 Sangerhausen, Tel. (0 34 64) 58 98-0, www.europa-rosarium.de
- ÖPNV: Bus 42, Haltestelle Rosarium, Sangerhausen

Hoch hinaus

23 Die Himmelsleiter in Goslar

Er ist nicht zu übersehen: In bunten Buchstaben prangt groß über dem Eingang zum Nordturm der Marktkirche in Goslar der Schriftzug „Himmelsleiter". Wo es da wohl hingeht? Tatsächlich in den Himmel? Wer durch die Pforte hindurchschreitet und eine kleine Gabe entrichtet, kann sich sogleich aufmachen. Der erste Glücksmoment: Es ist nicht wirklich eine Leiter. Dafür gibt es Stufen. Und davon jede Menge. Schritt für Schritt, Stufe um Stufe geht es den Turm hinauf. Lange Zeit war das nicht möglich. Erst seit einigen Jahren ist der Turm wieder zugänglich. Geholfen haben dabei Geldspenden. Jede Stufe eine Patenschaft. Kleine Plaketten erinnern daran. Wer die Stufen nicht allein zählen möchte: Es sind 232 an der Zahl, um genau zu sein. Auf den letzten Metern wird es noch einmal steil. Und schmal. Mit einem größeren Rucksack auf dem Rücken kann es schon etwas eng werden. Aber wer jetzt nach oben blickt, weiß, da zu sein. Das ist also die Himmelsleiter! Wenn das Wetter mitspielt, hat man einen Blick ins tiefe Blau – und ist dem Himmel so nah. Der zweite Glücksmoment.

Bis zur Plattform ist es jetzt nur noch ein Klacks. Hier in 66 Metern Höhe, dort, wo früher Turmwächter als Brandwachen ihre Arbeit verrichteten, erwartet einen schließlich noch als dritter Glücksmoment ein himmlischer Rundblick über die Stadt – und darüber hinaus. Da ist die mächtige Kaiserpfalz, dort, wo im Mittelalter die Könige und Kaiser residierten und Hof hielten. Und gleich dahinter erhebt sich der Rammelsberg, der für die Geschichte Goslars so prägend war und heute mit Museum und Besucherbergwerk Teil des UNESCO-Welterbes ist. Oder man schaut hinab auf das bunte Treiben auf dem Marktplatz. Nur mit der himmlischen Ruhe kann es plötzlich vorbei sein. Dann, wenn für manche unerwartet direkt über den Köpfen die Turmglocke läutet. Man kann das aber auch als Einladung verstehen: Nochmal durchatmen und die Seele auftanken. Und sich dann gestärkt wieder in den Alltag aufmachen.

TIPP

Bei einem Aufenthalt in Goslar kann man im Zinnmuseum einen persönlichen Glücksbringer gießen.

- Marktkirche St. Cosmas und Damian, Marktkirchhof 1, 38640 Goslar
- ÖPNV: Bus 803, 822, 830, Haltestellen Brusttuch und Kaiserpfalz, Goslar

Wo der Harz summt

24 Beim Bär von Igor in Rübeland

Macht ein Bienenstich glücklich? Kommt drauf an. Beim gleichnamigen Kuchen mit karamellisierter Mandelkruste und gefüllt mit sündhafter Vanillecreme ist der Glücksfaktor hoch. Beim Stich einer echten Biene eher nicht. Dabei verdanken wir den Bienen ein Stückchen unseres Glücks. Und das nicht nur wegen des Honigs, den ein Bienenvolk jährlich produziert, auch wenn er das Immunsystem und die Leistungsfähigkeit stärkt. Ohne die kleinen fleißigen Helfer, die Tag für Tag Großartiges vollbringen, gäbe es auch ungezählte andere Produkte nicht, von denen uns so manche ebenfalls glücklich machen. Bei einem Aktionstag im Mai 2018 räumte ein Supermarkt einmal alle Bienen-Produkte aus den Regalen. Die Kunden waren baff: Keine Schokolade, keine Tiefkühlpizza, keine Deos und keine Gummibärchen. Mehr als die Hälfte des Angebots fehlte.

Unglücklicherweise geht es den Bienen nicht gut. Die zunehmende Umweltbelastung und fehlende Nistplätze hinterlassen ihre Spuren. Im Harz hat man ein Zeichen gesetzt. Seit einiger Zeit finden sich an verschiedenen Plätzen im Harz Bienotels – Hotels für Bienen. Eine Initiative des Freundeskreises HarzRitter, die sich heldenhaft und ritterlich der guten Sache verschrieben haben. Eines der ersten dieser Bienotels war der Bär von Igor. Im Sommer 2015 eingeweiht, ziert der gut zweieinhalb Meter große Bienenbär das Rübeland nahe dem Hohen Kleef. Wer den Harzer-Hexen-Stieg bewandert, kommt daran vorbei. Schon für sich genommen ist jedes Bienotel ein einzigartiges Kunstwerk, gestaltet von Schnitzweltmeistern mit der Kettensäge. Kunst trifft hier auf Naturschutz. Den Bienenbär von Rübeland entwarf übrigens Igor Loskutow. Daher sein Name. Zur Eröffnung nahm Bienenkönigin Honey mit ihrem Gesinde von rund 25.000 Bienen das neue Zuhause in Beschlag. Begibt man sich in Gefahr, wenn man sich Igor dem Bienenbären nähert? Nicht wirklich. Bienen stechen kaum. Aber sie schenken uns Momente des Glücks. Schenken wir ihnen unsere Aufmerksamkeit. In diesem Sinne: „Bee happy!“

TIPP

In der Nähe liegen die Tropfsteinhöhlen, Baumannshöhle und Hermannshöhle, zwei beliebte Ausflugsziele.

- Der Bär von Igor, nahe dem Aussichtspavillon Hoher Kleef
- ÖPNV: Bus 260, Haltestelle Tropfsteinhöhlen, Rübeland Anfahrt mit dem Auto, parken beispielweise auf dem Parkplatz an der Hermannshöhle

Treffpunkt mit Aussicht

25 Der Hotspot Torfhaus bei Altenau

Vorab eine Warnung: Wer das Glück eher in der Abgeschiedenheit zu finden glaubt, wird in Torfhaus zwischen Bad Harzburg und Braunlage vermutlich nicht immer glücklich. Der Flecken hat sich zu einem der Hotspots im Harz entwickelt. Hier geht es regelmäßig nicht nur betriebsam zu, hier steppt mitunter der Bär. Den Treffpunkt aber als bloße Touri-Meile abzukanzeln, wäre unfair. Dazu ist Torfhaus zu vielfältig. Jeder findet sein Glück halt auf seine Weise. Leben und leben lassen.

Da sind die Brockenfans. Die kommen für einen Blick auf ihren Berg zwar auch andernorts auf ihre Kosten. Dennoch ist das Panorama von hier aus stets aufs Neue beeindruckend. Und das zu jeder Jahreszeit. Nur rund 5 Kilometer Luftlinie sind es. Da scheint die Kuppe fast in Griffweite. Einfach hinsetzen und genießen. Und die Wanderer vorbeiziehen lassen, die sich dorthin aufmachen. Wie nach Rom führen auch viele Wege auf den Brocken. Doch der wohl beliebteste startet hier. Etwas mehr als 8 Kilometer ist man auf dem Goetheweg unterwegs. Der Dichter selbst soll sich von hier aus im Dezember 1777 aufgemacht haben. Im Schnee und in Begleitung kundiger Führung. Die brauchte er auch. Denn das Nationalpark-Besucherzentrum TorfHaus gab es noch nicht. Natürlich nicht. Heute zieht es viele Besucher in die Ausstellung zum Nationalpark. Es warten spannende Ein- und Ausblicke. Etwa dazu, wie die Wildnis wieder Wirklichkeit werden soll. Man kann sich an Ort und Stelle auch gleich mit Karten oder Büchern für die nächste Tour eindecken. Oder mit ein paar Mitbringseln für die Lieben daheim. Und dann sind da noch die Biker. Zwar nicht im Winter. Aber während der Motorradsaison. Dann wird Torfhaus zum beliebten Tourenziel und Szenetreff. Chrom an Chrom gesellt sich gerne. Ein Blickfang auch für Nichtbiker. Bei allen gleichermaßen beliebt: Die Gaststätte Bavaria Alm am Torfhaus. Zur Stärkung zwischendurch. Wer bei so viel Vielfalt seinen Glücksplatz hier noch immer nicht gefunden hat. Irgendwo schlummert auch der. Garantiert!

● TorfHaus Nationalpark-Besucherzentrum, Torfhaus 8, 38667 Altenau, Tel. (0 53 20) 3 31 79-0, www.torfhaus.info
● ÖPNV: Bus 820, Haltestelle Torfhaus, Altenau

Beinahe unsichtbar

26 Auf der Rundbank auf dem Schuhhof in Goslar

Ja, es gibt sie. Zum Glück. Die Orte, wo man etwas Muße finden kann. Etwa wenn das viele Pflastertreten die Beine müde macht und die Schuhe ein bisschen zu drücken beginnen. In der Kaiserstadt Goslar bietet sich dazu die Rundbank auf dem Schuhhof an. Was für ein passender Name. Doch er heißt wirklich so. Und das eigentlich schon immer. Bis in das 13. Jahrhundert lässt sich die Geschichte dieses noch heute mittelalterlich wirkenden Platzes zurückverfolgen. Damit ist er einer der ältesten Plätze der Stadt überhaupt. Älter noch als der Marktplatz, der übrigens nur einen Steinwurf entfernt liegt. Der Schuhhof ist kleiner und wirkt vielleicht auch etwas intimer, was seinen ganz eigenen Charme ausmacht.

Über die Jahre hindurch war der Schuhhof das Zentrum der Goslarer Schuhmacher, Gerber und Schuhflicker, die hier lebten und arbeiteten. Bis zur Zerstörung durch einen Brand im Jahr 1780 befand sich hier auch das Gildehaus der Schuhmacher. Der Schuhhof ist an drei Seiten von beeindruckenden Fachwerk- und Arkadenhäusern umrahmt. Heute sind darin Wohn- und Geschäftshäuser untergebracht, weshalb noch wie anno Tobak ein reger Betrieb herrscht. Egal ob in der Weihnachtszeit, wo man hier den „Goslarer Weihnachtswald“ findet, oder aber in den Sommermonaten, wenn Cafés zu einer Pause und einem Plausch bei Eisbecher, Kaffee und Kuchen einladen.

Aber zurück zur Rundbank. Gerade wegen der vielen anderen Angebote ringsherum ist die Rundbank eine echte kleine Oase. Platz gibt es genug. Oft hat man sie sogar für sich allein. Niemand scheint sich zu interessieren. Als hätte man eine Tarnkappe auf. Sehen, ohne gesehen zu werden. Ein bisschen wie eine Terra incognita. Und wer noch etwas mehr Ruhe haben möchte, dreht sich einfach ein bisschen weiter. Einmal rundherum. Wozu ist eine Rundbank schließlich eine Rundbank?

- Rundbank auf dem Schuhhof, Schuhhof, 38640 Goslar
- ÖPNV: Bus 803, 822, 830, Haltestelle Brusttuch, Goslar

EKE

Eintauchen ins Idyll

27 Im Waldschwimmbad Okerteich bei Altenau

Einmal wie Dagobert Duck in Gold eintauchen? Wenn die Sonne richtig steht, könnte man fast den Eindruck gewinnen. Dann schimmert das Wasser des Okerteichs bei Altenau an einigen Stellen nämlich tatsächlich leicht golden. Ruhig gelegen, abseits jeglichen Verkehrstrubels, inmitten malerischer Natur und umringt von hohen Bäumen liegt dieses Schmuckstück. Eine der schönsten Badestellen im Harz. Egal ob Jung oder Alt, Schwimmer oder Nichtschwimmer, hier kann jeder Erholung und Entspannung finden. Und das seit fast 100 Jahren. Angelegt wurde der Teich noch früher, im Jahre 1714. In den Jahren danach diente er als Versorgungsstelle für den Bergbau. Ehemals war er Teil des Oberharzer Wasserregals, einem weitverzweigten Wassersystem, das sich seit 2010 sogar mit dem begehrten Titel eines UNESCO-Weltkulturerbes schmücken darf. Die Wasserqualität ist sehr gut. Immerhin versorgt das Wasser aus dem Harz nicht nur die Gemeinden in der Nähe. Es geht bis in den Norden, bis Bremen. Wer sich im Okerteich im wahrsten Sinne des Wortes eine Abkühlung gönnen möchte, sei vorgewarnt. Denn diese erwartet einen – beheizt ist der Naturteich nämlich nicht. Aber gerade Überwindungen können ja glücklich machen. Ein kleiner Adrenalinkick für zwischendurch. Wenn die Haut prickelt, kommt das anschließende Sonnenbad auf der Liegewiese doppelt gut. Ein lauschiges Plätzchen findet sich immer. Und sei es nur, um in den Himmel zu schauen. Der Okerteich ist auch etwas für Wanderer auf dem Harzer-Hexen-Stieg. Der führt nicht weit von hier vorbei. Sei es, um verspannte Muskeln zu lockern oder die Füße im kühlen Nass baumeln zu lassen. Um das kulinarische Wohl kümmert man sich im Imbiss vor Ort. Aber nur keine Hektik. Warum auch? Es geht schließlich um Erholung und Entspannung. Den Badespaß gibt es übrigens von Mai bis September. Und das völlig kostenlos; der Eintritt ist frei. Wo gibt es sowas noch?

TIPP

Wer es wärmer mag: Es gibt in Altenau auch die Kristall Saunatherme „Heißer Brocken".

- Waldschwimmbad Okerteich Altenau, Kleine Oker 43, 38707 Altenau
- ÖPNV: Bus 831, 861, Haltestellen Feuerwache und Markt, Altenau, dann etwa 20 bis 25 Minuten zu Fuß

Im Stundentakt

28 Die Einzeigeruhr in Wiegersdorf

Eine kleine Besonderheit ist sie schon, die St.-Jacobi-Kirche in Wiegersdorf, einem Ortsteil von Ilfeld im Südharz. Vielleicht sogar ein bisschen wunderlich. Dort wird glücklich, wer auf Kuriositäten aus ist. Davon gibt es ja so manche im Harz. Hier in Wiegersdorf reicht es aus, einen Blick an der Südseite des Kirchturms hinauf zur Fachwerkspitze zu werfen, wo die Turmuhr angebracht ist. Na und? Auf den ersten Blick sieht sie völlig unauffällig auf. Fast schon etwas unscheinbar. Eine Uhr wie jede andere. Wer aber länger hinschaut, kommt ins Grübeln. Eigentlich müssten sich doch der Stunden- und der Minutenzeiger unabhängig voneinander bewegen. Tun sie aber nicht. Beide Zeiger stehen sich stets direkt gegenüber. Die ganze Zeit hindurch. Es bewegt sich nur der Stundenzeiger.
Erste Vermutung: Der Zeitmesser ist defekt, wenn nicht sogar eine Fehlkonstruktion. Oder vielleicht ein Schildbürgerstreich? Doch weder das eine noch das andere ist der Fall. Für die Auflösung des Rätsels muss man etwas weiter zurückgehen. Lange Zeit ließ sich die Zeit am besten mit einer Sonnenuhr messen. Bis die mechanischen Uhren aufkamen. Die waren anfangs allerdings auch noch nicht sonderlich genau. Man beließ es daher bei einem Stundenzeiger. Der musste genügen. Und das ging bis Ende des 17. Jahrhunderts so. Erst dann war die Technik ausgefeilt genug. Der Minutenzeiger kam hinzu. Nicht so hier an die Turmuhr der St.-Jacobi-Kirche. Sie hat als eine von wenigen Turmuhren noch immer eine Einzeigeruhr. Wie sympathisch. Zeit, die stillzustehen scheint. Da ist der Alltag mal nicht bis auf die letzte Minute durchgetaktet. Was uns daran erinnern mag, dass gerade Zeit oft etwas mit Glück zu tun hat. Momente, in denen wir die Zeit vergessen und im Augenblick aufgehen, zählen ja oft zu den glücklichsten. Und dafür bleiben jeden Tag 24 Stunden, 1440 Minuten oder 86.400 Sekunden. Wie heißt es doch? Dem Glücklichen schlägt keine Stunde? Zumindest hier in Wiegersdorf kann man das auch anders sehen.

- Kirche St. Jacobi, Kirchgasse, 99768 Harztor (OT Ilfeld-Wiegersdorf)
- Anfahrt am besten mit dem Auto

Erfrischung pur!

29 Die Wassertretanlage in Neustadt

Manchmal fällt einem das Glück quasi unverhofft vor die Füße. So wie in Neustadt. Der Luftkurort im thüringischen Teil des Harzes ist nicht zuletzt bekannt durch die etwas oberhalb gelegene und sehr eindrucksvolle Ruine der Burg Hohnstein, die für so manche eine der Lieblingsburgen im Harz ist.
Vor allem diejenigen, die auf einem der nahegelegenen Wanderwege nach Neustadt kommen oder sich nach dem fordernden Aufstieg zur Burg wieder in Richtung Stadt aufmachen, werden eine Besonderheit zu schätzen wissen: die Kneipp Wassertretanlage. Bei einem Bummel durch die Burgstraße liegt sie einem tatsächlich vor den Füßen. Hier, wo sich der Kappelbach durch die beschauliche Ortschaft schlängelt, kann man im wahrsten Sinne des Wortes erfahren, wie sich Körper, Geist und Seele in Einklang bringen lassen.
Wer bislang mit dem auf Sebastian Kneipp zurückgehenden Wassertreten noch nichts im am Hut hatte, findet auf einer kleinen Tafel Informationen und Tipps darüber, wie man es richtig macht. Da ist etwa der Storchengang: Ein Bein immer vollkommen aus dem Wasser herausziehen und die Fußspitze etwas nach unten strecken. Es braucht etwas Gewöhnung, sich auf diese Weise durch das Bachbett zu bewegen. Aber ein Handlauf gibt Halt. Nach vollendeter Prozedur – so wissen es Eingefleischte – das Wasser nur abschütteln, nicht die Füße abtrocknen!
Wie einfach es doch sein kann, die Anspannung zu lindern, die Stimmung zu heben und zugleich auch noch etwas für die Gesundheit zu tun. Und quasi ganz nebenbei lässt man den Alltagsstress hier an der frischen Luft mit jedem Tritt mehr und mehr abtröpfeln und mit dem Wasser davontreiben. Glück kann sich so leicht anfühlen.

- Kneipp Wassertretanlage, Burgstraße, 99762 Neustadt
- ÖPNV: Bus 23, 231, Haltestelle Kurpark

Raus aus der Komfortzone

30 Das Eseltreiber-Denkmal in Osterode

Das Glück der Erde, so heißt es, liegt auf dem Rücken der Pferde. Im Harz müsste mal wohl eher sagen auf dem Rücken der Esel. Zumindest vor unserer modernen Zeit. Da gab es nämlich nicht die Möglichkeit, einfach und bequem von Ort zu Ort zu reisen. Mit der Mobilität war es nicht weit her. Abgelegene Teile des Harzes ließen sich oft nur über Wald- und Feldwege erreichen. Und die waren steil und unbequem. Man quälte sich dabei im wahrsten Sinne des Wortes über Stock und Stein.

Die Versorgung der Bewohner mit dem Nötigsten stellten fliegende Händler sicher. Ein geachteter Berufsstand mit eigener Tracht: Ein Kittel aus blauem Leinen und ein Hut. Stets dabei waren Esel und Maultiere. Die trugen unermüdlich so manch schwere Last die Hänge hinauf und wieder hinunter. Und bis in die 1920er-Jahre hinein auch die Kurgäste im Harz. Schlechte Wege machten den Tieren wenig aus. Ganze Eselskarawanen, manchmal mit Dutzenden von Tieren, die sich bis in die entlegensten Dörfer aufmachten, um die Bewohner dort mit dem Nötigsten zu versorgen und ihnen ihre Erzeugnisse abzunehmen. Ohne die Esel wäre es nicht gegangen. Ein Glücksfall für alle.

TIPP

Einige Anbieter im Harz haben Eselwanderungen im Programm.

Los ging es zum Beispiel in Osterode. In der Fußgängerzone erinnert eine von Helmut Moos gestaltete Plastik an diese für den Harz so typische Tradition. Viele schlendern achtlos daran vorbei. Dabei kann uns das Denkmal heute noch viel mit auf den Weg geben. Sich beispielsweise wieder einmal daran zu erinnern, wie wichtig es ist, nicht immer die bequemsten Wege zu gehen, sich herausfordernden Situationen zu stellen, aber auch beharrlich bei der Sache zu bleiben und sich nicht beirren zu lassen. Raus aus der Komfortzone, nicht nur als Lippenbekenntnis. Das stärkt, belebt – und es macht glücklich.

- Statue Eseltreiber, Am Schilde 2, 37520 Osterode am Harz
- ÖPNV: Bus 440, 453, 457, 460, 462, 464, 465, Haltestelle Kornmagazin, Osterode am Harz

Lust am Entdecken

31 Die Kleine Frauenkirche in Schwenda

Aber Moment mal … Verwundert steht man im Innenraum der Kirche St. Cyriaci und Nicolai in Schwenda, einem kleinen Dorf, nicht weit entfernt von Stolberg. Während das Auge so umherschweift, verlieren sich die Gedanken. Die Emporen, acht Säulen und dann der Kuppelbau. Das kommt einem doch irgendwie vertraut vor. Aber ja doch: Die Dresdner Frauenkirche. Gleich sind die Sinne geschärft. Eine kleine Ausgabe der Frauenkirche hier im Südharz – wie das? Eine Frage, die sich nicht mit letzter Gewissheit beantworten lässt. Sicher ist immerhin so viel: Johann Friedrich Penther, Ratsbaumeister aus Stolberg, mit einem besonderen Faible für Mathematik und vor allem für Geometrie, schuf die Dorfkirche in der ersten Hälfte des 18. Jahrhunderts. Penther war selbst kein Architekt. Womöglich stand ihm aber ein Entwurf von George Bähr, dem Gestalter der Dresdner Frauenkirche, Pate. Wieso, weshalb, warum? Das weiß man nicht. Ein nach wie vor ungelöstes Rätsel. Herausgekommen ist aber ein Rundbau, der für die Region gänzlich ungewöhnlich ist. Ebenso ungewöhnlich wie die Legende, die sich um den Kirchenbau rankt. Und die hat auch wieder etwas mit Glück zu tun. Im 16. Jahrhundert geriet hier eine venezianische Familie in ein Gewitter. Allein die einjährige Mathilde überlebte und verbrachte in Schwenda trotz des Schicksalsschlages offenbar eine glückliche Kindheit. Denn als sie später nach Italien zurückkehrte, hatte sie Schwenda nicht vergessen. Vielmehr vermachte sie dem Dorf ein beträchtliches Sümmchen mit der Auflage, dort eine Rundkirche nach dem Vorbild des Petersdoms zu errichten. Rom – Dresden – Schwenda, was für ein Dreiklang. Manchmal ist es einfach die Lust am Entdecken, die uns beglückt. Wenn das Alltägliche neu reizt und es gelingt, selbst Bekanntes mit neuen Augen wahrzunehmen. Dazu kann vieles anregen. Auch eine kleine Kirche in einem Harzer Dörfchen. So gesehen kann uns gleich ein Ort viel über das Glück zeigen oder eben selbst glücklich machen.

- Kirche St. Cyriaci und St. Nicolai, Alte Hintergasse, 06536 Südharz/Schwenda
- Anfahrt am besten mit dem Auto

Beflügelt sein

32 Die Rosstrappe bei Thale

Es war einmal eine schöne Königstochter namens Brunhilde. Sie wurde vom Riesen Bodo begehrt, fand umgekehrt jedoch keinerlei Interesse an ihm. Als Brunhilde eines Tages auf ihrem stolzen Ross ausritt, begegnete sie dem vernarrten Bodo, welcher der Prinzessin nacheilte. Sie fegte davon, kreuz und quer durch den Harz, Bodo immer an ihren Fersen. Plötzlich tat sich vor ihr eine steile und sehr tiefe Schlucht auf. Brunhilde nahm all ihren Mut zusammen, gab ihrem Rappen die Sporen und beide sprangen hinüber auf die andere Seite. Das kühne Wagnis gelang und sie landeten sicher auf einem Felsvorsprung. Der Aufprall war so heftig, dass ein Huf von Brunhildes Ross einen markanten und noch heute sichtbaren Abdruck im Granitfelsen zurückließ. Die „Rosstrappe" war geboren.

Und der liebestolle Bodo? Der hatte weniger Glück. Er stürzte hinab in den Fluss, der seitdem übrigens „Bode" heißt und dem Bodetal seinen Namen gab. Bodo verwandelte sich in einen schwarzen Hund und bewacht noch heute die kostbare Krone der Prinzessin, die sie bei ihrem Sprung verloren hatte und die im Kronensumpf versank. So die Legende. Niemandem ist es seither gelungen, die Krone zu finden.

TIPP

Mit dem Sessellift von Thale zur Rosstrappe und zurück bieten sich „schwebende" Glücksmomente.

Wer sich vom Parkplatz aus auf den kurzen, aber mitunter felsigen und deshalb gerade im Winter durchaus anspruchsvollen Wanderweg zur sagenumwobenen Rosstrappe aufmacht, den belohnt am Ende eine spektakuläre Aussicht auf das zerklüftete Bodetal, den Grand Canyon des Harzes. Gegenüberliegend, in Sichtweite, ist auch der Hexentanzplatz, von wo aus Brunhilde hinübersprang und von wo aus sich zu Walpurgis die Hexen zum Brocken aufmachen.

Und während man sich so den eigenen Gedanken und der Legende von Brunhilde hingibt, mag einem ja in den Sinn kommen, dass es vielleicht auf der Suche nach dem Glück lohnend sein kann, einfach mal den Sprung zu wagen. Und dabei im übertragenen Sinne ganz eigene Spuren zu hinterlassen.

- Rosstrappe, 06502 Thale
- Anfahrt am besten mit dem Auto, Parkplatz Rosstrappe

Vom Glück des Erleichterns

33 Im Mausefallenmuseum in Güntersberge

Wer über Glücksorte nachdenkt, kommt nicht umhin, sich auch über ein nur allzu menschliches Bedürfnis Klarheit zu verschaffen. Auch ein „stilles Örtchen“ kann sich dann und wann in eine spontane Oase des Glücks verwandeln. Aber wie war das eigentlich anno dazumal? Wer dazu und zu manch anderer Kuriosität mehr erfahren möchte, entrichtet ein paar Mäuse und kann sich dann durch das Mausefallen- und Kuriositätenmuseum führen lassen.

Eigentlich sind es zwei Museen in einem. Da ist zunächst die Abteilung „Mausefallen“. Schon bei denen ließe sich selbst einiges zum Thema Glück ausmachen. Denn so possierlich die kleinen Nager auch daherkommen, als besonders glücklich lässt sich das Verhältnis von Mensch und Maus nicht eben beschreiben. Jedenfalls nicht aus Sicht der Spezies „Homo sapiens“. Der Maus wird es herzlich egal sein. Es ist der Mensch, der ihr mit all seiner Kreativität nachstellt. Und kreativ ging es über die Jahrhunderte wirklich zu, wie Museumsinhaberin Gabriele Knepper unterhaltsam demonstriert. Nicht nur mit Speck fängt man Mäuse. Und irgendwie schleicht sich die Erkenntnis ins Hinterstübchen, im Alltag selbst dann und wann wie eine Maus in die eine oder andere Falle getappt zu sein. Wenn die Versuchung mal wieder zu groß war. Leicht verdaulich und überaus charmant und kurzweilig vorgetragen geht es dann weiter zu den stillen Örtchen. Dezent hinter dem Begriff „Kuriositäten“ verborgen. Der Zuhörerschaft pressiert es schon. Man möchte nun doch mehr wissen zu all den Gegenständen, die hier ringsherum aufgestellt sind. Und schnell wird klar, so manches Ausstellungsstück erinnert nur auf den ersten Blick an eine reine Sitzgelegenheit. Offenbar entwickelte sich über die Jahrhunderte hinweg ein Bedürfnis fürs Bedürfnis, was diverse Fotos, Ölbilder, Zeichnungen und sonstige Exponate amüsant zeigen. Wie erleichternd. Und so verlässt man nach einer guten Stunde das Museum in der Gewissheit glückseliger Augenblicke. Und das übrigens immer am Wochenende um 14.00 und 15.00 Uhr oder nach Absprache.

● Mausefallen- und Kuriositätenmuseum, Klausstraße 38, 06493 Harzgerode-Güntersberge, Tel. (03 94 88) 4 30, www.mausefallenmuseum.de
● ÖPNV: Bus 555, Harzer Schmalspurbahn, Haltestelle Bahnhof, Güntersberge

Voller Vorfreude

34 Blick vom Agnesberg in Wernigerode

Vorfreude gilt ja bekanntlich als die schönste Freude. Und genau deshalb macht sie glücklich. Man malt sich aus, was kommen mag, blickt nach vorne und ist voll gespannter Erwartung. So gesehen ist der Agnesberg oberhalb des Schlosses in Wernigerode ein perfekter Glücksspot. Einmal angekommen macht man es sich am besten auf der Bank bequem und genießt das Panorama. Das wirkt immer. Und wenn der Blick von dort aus so über die Stadt und darüber hinaus gleitet, kann man in sich hineinlauschen. Und Pläne schmieden. Vielleicht für einen Besuch des Schlosses? Das meistbesuchte Museum Sachsen-Anhalts zieht normalerweise schon von weitem die Blicke der Besucher auf sich. Von hier aus gesehen zeigt es sich von seiner Schokoladenseite. Und beinahe zum Greifen nah. Sich dort auf eine kleine Reise zurück in längst vergangene Zeiten begeben? Warum nicht. Im Schloss und drumherum gibt es vieles zu entdecken. Immer wieder neu. Denn das Leben pulsiert dort das ganze Jahr hindurch. Der Blick schweift weiter. In die Ferne. Hinüber zum Brocken. Auch der lässt sich von hier gut ausmachen. Der Sehnsuchtsberg im Harz, gegen den alle Sorgenberge, die man mit sich trägt, winzig erscheinen. Vielleicht eine Brockenwanderung? Zum ersten oder wiederholten Male? Egal. Und was mag es dort unten noch alles zu entdecken und zu bestaunen geben? Bekanntes einmal mit neuen Augen sehen oder sich auf Unbekanntes einlassen. Ach ja, die Vorfreude. Es gibt Augenblicke, da scheint alles stimmig. Solche Momente auszukosten, ist manchmal sogar noch schöner als das eigentliche Erleben. Warum also nicht noch bleiben. Ein bisschen noch. Hier auf dem Agnesberg.

Erreichen lässt sich der Agnesberg über mehrere Wege, die mal mehr, mal weniger steil sind oder im Zickzack verlaufen. Kommt ganz drauf an, von welcher Richtung aus man sich dem Agnesberg nähert. Festes Schuhwerk ist angeraten. Vom Schloss dem Wanderweg Richtung Christianental (ausgeschildert) ein paar Treppen hinab folgen, bevor man den Agnesberg bezwingen kann.

TIPP

Mit der Wernigeröder Bimmelbahn kann man sich vom Marktplatz bequem zum Schloss kutschieren lassen.

- Aussichtspunkt Agnesberg, 38855 Wernigerode
- ÖPNV: Zug, Haltestelle Bahnhof, Wernigerode, von dort etwa 30 bis 40 Minuten Fußweg

Übernachten im Park

35 Der Prinzessinnenturm in Blankenburg

Den Song kennt jeder, den Künstler dahinter kaum jemand: „A Walk in the Park“ war in den 1980er-Jahren ein One-Hit-Wonder der Nick Straker Band. Ein Discoklassiker und Ohrwurm, der auch heute noch Laune macht und direkt in die Beine geht. Ach ja, ein Spaziergang im Park. Um den Kopf wieder klar zu bekommen. Oder einfach nur so zum Genießen. Beispielsweise im Schlosspark in Blankenburg. Dort haben die Gestalter ein bisschen gezaubert. Die clevere Idee: Angesichts der Hanglage einen Terrassengarten anzulegen. Hier geht man nicht spazieren, hier flaniert man. Alles ist ein bisschen üppiger. Barock eben. Man darf sich wahrlich fürstlich fühlen.

Zwei Highlights: Das Teehaus mit einem Gartencafé und als Blickfang der Prinzessinnenturm am oberen Ende des Gartens. Letzterer war ehemals ein Wehrturm, wurde dann seit Anfang des 18. Jahrhunderts aber auch als Wohnturm genutzt. Und als Spielstätte. So jedenfalls erzählt man sich. Seinerzeit sollen hier die Töchter des Herzogs Ludwig Rudolf von Braunschweig-Wolfenbüttel (1671–1735), dem ersten Fürsten von Blankenburg, herumgetollt sein.

Wer auf der Bank neben dem Turm Platz nimmt, mag sich vielleicht fragen, wie es wohl wäre, zu bleiben. Vielleicht für eine Nacht? Was nur wenige wissen: Das geht tatsächlich. Denn residieren kann man dort auch heute noch. Im Prinzessinnenturm ist eine Ferienwohnung auf drei Ebenen eingerichtet. So lässt sich im Park nicht nur lustwandeln, sondern zu zweit sogar märchenhaft logieren. Ein bisschen eine bewohnbare Puppenstube samt Himmelbett. Das steht natürlich in der Turmspitze – wo auch sonst? Wenn sich dann die Nacht über den Garten legt und alle Besucher den Park wieder verlassen haben, bleibt man einfach. Und morgens, wenn wieder Leben einkehrt, genießt man den ersten Tee oder Kaffee mit Blick auf den Schlossgarten, der einem zu Füßen liegt. Vielleicht lauscht man auch noch ein bisschen der Musik. Wie singt Nick Straker doch? „Life can be fun.“ Eben.

● Prinzessinnenturm im Schlossgarten Blankenburg, Schloßberg 2a, 38889 Blankenburg (Harz), Tel. (0 39 44) 9 04 40, www.prinzessinnenturm.de

● ÖPNV: Zug, Haltestelle Bahnhof, Blankenburg (von dort aus 20 Minuten zu Fuß), Bus 230, Haltestelle Herzogstraße, Blankenburg

Wasser des Lebens

36 Die Hammerschmiede in Zorge

Glück zeigt sich in vielen Formen. Vielleicht nicht immer auf die vernünftige Art. Dafür aber mit allen Sinnen. Mit Lust und Genuss. Geistreiche Genießer finden im Harz eine Anlaufstelle in Zorge. Das spricht man mit einem kräftigen Z aus. Sonst erinnert es zu sehr an Sorge. Auch den Ort gibt es hier im Harz; allerdings liegt er einige Kilometer weiter entfernt. Bleiben wir also in Zorge und dort in der Hammerschmiede. Anders als es der Name vielleicht vermuten lässt, wird hier nicht der Hammer geschwungen. Es geht um das Wasser des Lebens. Im Gälischen heißt das „Uisge Beatha", wovon sich der Name Whisky ableitet. Und der wird nicht nur in den schottischen Highlands oder auf der irischen Insel destilliert. Schon seit einigen Jahren gibt es auch im Harz Single Malt Whiskys zu verkosten. „Elsburn" heißt einer von ihnen. Eine Hommage an die Region und die wasserspendende Quelle des Elsbachs. Und ein Qualitätsprodukt. Alle Destillate stammen aus der Hammerschmiede selbst. Kein Verschnitt aus mehreren Whiskysorten. „Single" eben und nicht „Blended". Man versteht sich als „Manufactur feinster Spirituosen" und das im wahrsten Sinne des Wortes: Jede Flasche wird von Hand abgefüllt und etikettiert. Aber erst einmal müssen die Glanzstücke reifen, und zwar in eigens ausgewählten Fässern. Da gehen schnell ein paar Jahre ins Land. Mehr über die Geheimnisse des Whiskys kann man bei einer geführten Tour erfahren – Verkostung im Ticket inbegriffen. Und damit sind wir wieder beim Genuss. Der scheint uns ja heutzutage vielfach abhandengekommen zu sein. Dabei kann gerade er die kleinen Glücksmomente verschaffen, die das Leben lebenswert machen. Vor allem, wenn man sie bewusst erlebt. Vielleicht sogar zelebriert und Auge, Nase und Gaumen mit neuen Eindrücken verwöhnt. Am besten in angenehmer Atmosphäre. Gern in geselliger Runde mit guten Freunden. Wer genießen kann, ist glücklich. Und wer selbst glücklich ist, kann auch andere beglücken.

- Hercynian Distilling Company / Hammerschmiede, Elsbach 11A, 37445 Walkenried (OT Zorge), Tel. (0 55 86) 82 82 www.hammerschmiede-spirituosen.de
- ÖPNV: Bus 470, Haltestelle Taubentalstraße, Zorge

single malt whisky
DISTILLER'S
48,0%vol.

Einfach galaktisch

37 Die Sternwarte in St. Andreasberg

In St. Andreasberg kann es dunkel werden. Sehr dunkel. So dunkel, dass die Bergstadt im Oberharz zu den dunkelsten Orten Deutschlands gehört. Was in diesem Fall ein Glück ist. Denn damit findet sich hier inmitten des Nationalparks Harz in rund 700 Metern Höhe der ideale Spot für die höchstgelegene Sternwarte Norddeutschlands. Fernab von Ballungsgebieten lässt sich dort in die himmlischen Tiefen des Weltalls eintauchen. Ein El Dorado nicht nur für eingefleischte Astrofreunde. Denn Hand aufs Herz: Wen fasziniert der Blick in den Sternenhimmel nicht? Einmal die Milchstraße mit ihren Milliarden von Sternen sehen? Und das mit bloßem Auge? Hier geht das.

In der Sternwarte in St. Andreasberg möchte man allen Menschen den Himmel nahebringen. „In die Ferne sehen statt fernsehen", so das erklärte Motto. Und das geht ganz ohne astronomische Kenntnisse. Neben speziellen Veranstaltungen gibt es auch praktische Einführungen in die Himmelsbeobachtung – ob mit oder ohne Teleskop. Eine galaktische Erfahrung. Und das gelingt vor allem durch das Engagement der Beteiligten, die mit einer Hingabe bei der Sache sind, die ihresgleichen sucht. Trotz beschränkter Mittel. Denn die Sternwarte ist ein ehrenamtliches Projekt, getragen von einem Verein. Der engagiert sich nicht nur gegen Lichtverschmutzung. Auch die Barrierefreiheit hat man sich auf die Fahne geschrieben. Und präsentiert dazu beispielsweise die erste sprechende Himmelsscheibe. Das nächste ehrgeizige Projekt ist die Zertifizierung zum international anerkannten Sternenpark. Wer kurzfristig vorbeischauen möchte, sollte sich vorab kundig machen, da die Sternwarte nicht immer besetzt ist. Am ersten Freitag und Samstag im Monat finden aber regelmäßig Astro- und Beobachtungsabende statt – frei und ohne Eintritt. Weitere Termine gibt es im Internet. Dann kann der Blick ins Universum zu einem unvergesslichen Erlebnis werden. Und womöglich neue Horizonte eröffnen.

- Sternwarte St. Andreasberg, Clausthaler Straße 11, 37444 St. Andreasberg
  www.sternwarte-sankt-andreasberg.de
- ÖPNV: Bus 820, Haltestelle Internationales Haus Sonnenberg, St. Andreasberg

Sternwarte St. Andreasberg
Vixen

Hauptsache schwindelfrei

38

Über die Titan RT im Bodetal

Wem danach steht, die Glückshormone frei fliegen zu lassen, sollte sich den Namen „Harzdrenalin“ merken. Fangen wir klein an mit der Hängebrücke, der „Titan RT“. Ein Glücksort von exakt 458,5 Metern Länge. In luftigen Höhen führt eine der längsten Hängebrücken der Welt vorbei an Deutschlands höchster Staumauer, der Rappbodetalsperre. Stolze 120 Tonnen bringt die Hängebrücke auf die Waage. Klingt nicht nur imposant, ist es auch. Gerade einmal vier wuchtige Haupttragseile halten das Konstrukt. Viel Mut braucht es jedoch nicht. Festes Schuhwerk, um sich über das etwas mehr als einen Meter breite Gitterrost auf die andere Seite zu wagen, reicht vollkommen. Die ersten Tritte sind vielleicht noch etwas zögerlich. Aber dann hat man Vertrauen gefasst. In den Morgen- und den Abendstunden ist es hier nicht nur weniger überlaufen. Auch der Sonnenauf- oder -untergang verbreiten ein ganz eigenes Flair.

Wer sich übrigens wundert, weshalb auf gut der Hälfte der Strecke viele Köpfe nach unten blicken: Dort befindet sich eine Etage tiefer die Plattform für den „GigaSwing“. Ein Nervenkitzel der anderen Art. Besonders Wagemutige können von dort allein oder im Tandem im freien Fall in die Tiefe springen. Natürlich gesichert. Bevor man wieder hinauf auf die Plattform gezogen wird, kann man gigantisch ausschwingen.

Lässt sich das noch steigern? Vielleicht. Jedenfalls, wenn einem nun in den Sinn kommt, nur fliegen sei schöner. Dann ruft vielleicht die „Megazipline“. Ist man auf der Brücke unterwegs, lässt sich tatsächlich ihr leichtes Zischen vernehmen. Der Klang der Doppelseilrutsche. Im Flug geht es in rund 120 Metern Höhe bäuchlings und mit der Nasenspitze voran bei einer Geschwindigkeit von über 80 Sachen über den Stausee, bevor man auf der anderen Seite wieder sanft und sicher landet. Und ganz gewiss mit einem glückseligen Lächeln. Was durchaus ansteckend sein kann. Karten gibt es im Besucherzentrum am Parkplatz der Rappbodetalsperre. Vorbuchen für die Attraktionen kann man über die Website.

TIPP

Wem das noch nicht reicht: Möglich ist auch das Wallrunning am Wendefurther Stausee.

- Titan RT, Rappbodetalsperre an der L96, 38889 Stadt Oberharz am Brocken (OT Rübeland),Tel. (03 94 54) 20 90 00, www.titan-rt.de und www.harzdrenalin.de
- ÖPNV: Bus 260, Haltestelle Rappbodetalsperre/Talsperre Rübeland, oder Anfahrt mit dem Auto, Parkplatz an der Rappbodetalsperre oder an der Kreuzung B81/L96 (Parkgebühren)

Schiff ahoi

39 Auf dem Stausee bei Wendefurth

Ach, eine lästige Sache, diese Landkrankheit. Immer wieder zieht es einen zum Wasser. Im Harz beispielsweise zum Wendefurther Stausee. Genauer gesagt zum dortigen Bootsverleih. Wer will, kann wählen: Tretboot oder Ruderboot? Oder doch ein Drachenboot?
Ist der Einstieg vom Steg ins Boot anfangs vielleicht noch eine etwas wackelige Angelegenheit, so pendelt sich die Balance aber überraschend schnell ein. Es bietet sich auch hier an, mit leichtem Gepäck unterwegs zu sein. Der Stauraum ist begrenzt. Dann die Leinen los und auf geht's! Heute allerdings mal nicht mit voller Fahrt voraus. Man will sich ja nicht für die nächste Olympiade bewerben. Gemütlich schippert man voran. Wer entschleunigt unterwegs ist, sieht schließlich mehr. Und vom Wasser aus betrachtet, kann selbst Bekanntes überraschend neu aussehen.
Stimmungstechnisch ist Rudern Entspannung pur. Je mehr man sich vom Steg entfernt, desto mehr verblasst zugleich der Alltag. Das scheint ein unbestechliches Rudergesetz zu sein. Trübsal oder Sorgen haben Bootverbot. Wenn die Wellen sachte gegen die Planken plätschern, lassen sich ganz unbeschwert die Sonnenstrahlen genießen. Sich einfach mal hingeben und mit den Füßen über den Bord-rand zugleich auch die Seele baumeln lassen. Oder man taucht mit den Händen ein und fühlt, wie das Wasser durch die Finger rinnt. Glück, das sich nicht greifen lässt. Glücklich ist ja bekanntlich, wer vergessen kann. Das gelingt vor allem dann gut, wenn man die Ruder selbst in die Hand nimmt und in das Wasser eintauchen lässt – harmonisch und synchron. Ruhig und gelassen gleitet das Boot dann über den See. So gesehen ist es wie im richtigen Leben. Auch dort lohnt es sich, selbst das Steuer zu übernehmen.
Der Wendefurther Stausee liegt unterhalb der Staumauer der Rappbodetalsperre. Von der L 81 abbiegend hat man nach wenigen hundert Metern das Ziel erreicht.

TIPP

Ein Besuch in der Schwimmenden Gaststätte, die regelmäßig zu einer Floßfahrt ablegt.

● Stausee Wendefurt mit Bootsverleih, Am Stausee 2, 06502 Thale (OT Wendefurth), www.erlebnis-talsperre-harz.de
● ÖPNV: Bus 263, Haltestelle Am Mühlenweg, Wendefurth, oder Anfahrt mit dem Auto

Zauber vergangener Tage

40 Der Vintage WohnLaden in Quedlinburg

Das Glück lässt sich immer wieder neu erfahren. Was übrigens gut gelingt, wenn ein bisschen Nostalgie mitschwingt. Im Alten das Neue aufzuspüren, ist schon eine Kunst für sich. Umso mehr, wenn es darum geht, Ausgedientem neuen Glanz zu verleihen. Wie das geht, weiß Maritta Schlotter nur allzu gut. Die Inhaberin des Vintage WohnLadens in Quedlinburg hat einen Blick für das Außergewöhnliche im Gewöhnlichen. In ihrem Laden teilt sie diese Passion für Alltägliches aus vergangenen Zeiten mit anderen, die Freude an Altem und Schönem haben. Wer ihren mit Liebe zum Detail eingerichteten Laden in der Hohen Straße betritt, fühlt sich gleich um Jahrzehnte zurückversetzt. Mindestens. Hier finden sich allerlei stilvolle Möbel und ausgewählte Accessoires, die ein bisschen wie aus der Zeit gefallen zu sein scheinen. Und die gerade dadurch ihren Zauber entfalten.
Wenn dekorative Kleinigkeiten und Möbel die Spuren der Zeit zeigen, kommt Marietta Schlotter ins Schwärmen. Fündig wird sie beispielsweise auf Floh- und Antikmärkten. Dort gibt es sicher immer die eine oder andere Entdeckung. Manchmal ist es nur eine Kleinigkeit, ein Detail. So wird aus einem entsorgten Stehrümchen vielleicht doch noch ein Liebhaberstück. Sofern es Charme hat. Um den wieder herauszuarbeiten und hervorzuheben, möbelt sie in ihrer eigenen Werkstatt mit Kreidefarbe alles selbst auf. Hauptsache unperfekt perfekt. So kommt die richtige Retrostimmung durch Shabby-Chic- beziehungsweise Vintagestil auf. Alles sind Unikate, mal kleiner, mal größer. Und weil man nie so genau weiß, welches Stück sich mal wieder in die kreativen Hände verirrt, zeigt sich auch der Laden selbst immer wieder von einer neuen Seite. Wie es gerade passt. Schon deshalb lohnt ein Besuch. Um sich inspirieren zu lassen, um zu stöbern oder einfach zum Klönen. Und den einen oder anderen handwerklichen Tipp gibt es bei Interesse auch noch. Ehrensache.

- Vintage WohnLaden, Hohe Straße 22/23, 06484 Quedlinburg
- ÖPNV: Zug, Haltestelle Bahnhof, Quedlinburg (von dort ca. 15 Minuten zu Fuß), oder Anfahrt mit dem Auto

Der Mega-Sandkasten

41 Zu den Sandhöhlen bei Blankenburg

Was ist das ultimative Urlaubsfeeling? Den Sand zwischen den Zehen spüren und dem Rauschen des Meeres lauschen? Okay, das Meer findet man im Harz nicht eben um die Ecke. Aber Sand gibt es. Und das in einer Umgebung, die dafür auf den ersten Blick ein bisschen wunderlich anmutet. Das Panorama erinnert viele an die Kalksteinfelsen auf Rügen oder im englischen Dover. Oder an die Kreideterrassen im türkischen Pamukkale. Nur das Wasser fehlt. Wir sind mitten im Wald.

Wer den Glücksmoment richtig auskosten will, genießt schon den Weg dorthin. Zu Fuß geht es vom Wanderparkplatz unterhalb der Burg Regenstein hinein in den Heers, ein weitläufiges Waldgebiet zwischen Blankenburg und Halberstadt. Schilder weisen den Weg. Es gibt mehrere Pfade. Wer es anspruchsvoller mag, wählt eine Abkürzung. Ein paar Meter sind es schon zu gehen, aber viel Rummel braucht man nicht zu befürchten.

Die Spannung steigt. Nur nicht ungeduldig werden. Aber warum auch? Eile mit Weile. Auch hier ist der Weg das Ziel. Es lohnt, die Sinne zu schärfen. Geräusche? Gezwitscher? Wind in den Bäumen? Schnell ist ein Viertelstündchen um. Vielleicht auch etwas mehr. Und dann plötzlich die eigentliche Überraschung: Wow! Eine Waldlichtung, die man so sicher nicht erwarten würde. Größer als einige Dutzend Beachvolleyballplätze. Und meterhohe Höhlen. Oder „Sandhutschen", wie es hier heißt. Mal eben so in den Sandstein gehauen. Und vor alledem, ausgebreitet wie ein Teppich, Sand, Sand, Sand … Ein riesiger Sandkasten, der Laune macht. Und wer sich umschaut, mag sogar – mit etwas Fantasie – eine Miniaturausgabe des Ayers Rock in Australien ausmachen. Wie bei so vielem im Harz liegen auch die Ursprünge der Höhlen im Dunkeln. 2009 wurden sie zur schönsten Stempelstelle der Harzer Wandernadel gekürt. Und dennoch sind sie ein Geheimtipp. Oftmals ist man ganz allein für sich und kann überall umherschlendern. Soviel Ursprünglichkeit macht definitiv glücklich.

TIPP

Unbedingt sehenswert ist auch die Burg- und Festungsruine Regenstein selbst.

- Sandhöhlen bei Blankenburg, 38889 Blankenburg
- Anreise am besten mit dem Auto, Parkplatz unterhalb der Festung Regenstein

Mut zur Freiheit

42 Der Roland von Nordhausen

Schon ihn anzuschauen, lässt einen unwillkürlich lächeln. Ein Hühne, der einem mit seinem feuerroten und reich geschmückten Mantel und der gold-roten und buntverzierten Krone auf dem Haupt entgegenstrahlt. So steht er hier, unter einem Baldachin, geschützt vor Sonne und Regen, an der südwestlichen Ecke des Alten Rathauses. Der Roland von Nordhausen. Solche Rolande gibt es im Harz verschiedentlich, etwa in Quedlinburg oder Halberstadt. Doch kaum einer kommt derart farbenfroh daher (farbenfroher übrigens als das Original von 1717; das lässt sich gegenüber im neuen Rathaus bewundern).
Für so manche mögen zu seinen Füßen schon glückliche Stunden begonnen haben. Der Roland ist nämlich ein beliebter Treffpunkt für Verabredungen. Übersehen lässt sich das Wahrzeichen Nordhausens, das sich nicht ohne Grund Rolandstadt nennt, wirklich nicht. Schon seit dem 15. Jahrhundert sind solche Figuren hier belegt. In früheren Zeiten standen sie als Sinnbild für Macht und Gerichtsbarkeit. Und er ist in gewisser Weise auch ein Glückssymbol, wenn nicht sogar das Glückssymbol schlechthin. Kraftvoller, als es Kleeblätter je sein könnten. Oder Schornsteinfeger, die man beherzt am Arm, an der Schulter oder den Knöpfen der schwarzen Jacke zwicken muss, wenn man sich nicht sogar ganz an ihnen reibt. Aber wo findet man entsprechend ausgestattete Vertreter dieses Gewerbes heute noch? Eben. Anders beim Roland, der zugleich die Stellung als freie Reichsstadt symbolisiert. Und die Freiheit gilt als die stärkste Kraftquelle des Glücks. Frei zu sein, das Leben selbst zu gestalten. Immer wieder wählen zu können. Jeden Tag aufs Neue. Diese Freiheit besteht immer. Irgendwer sagte einmal, das Geheimnis des Glücks sei die Freiheit, und das Geheimnis der Freiheit sei der Mut. Wie wahr. Frei der inneren Stimme folgen. Wenn nicht jetzt, wann dann?

- Roland von Nordhausen, Markt 1, 99734 Nordhausen
- ÖPNV: Straßenbahn 1, 2, 10, Bus F, Haltestelle Rathaus/Kornmarkt, Nordhausen

ANNO

Wie schmeckt Glück?

43 Die Trink- und Wandelhalle in Bad Harzburg

Es gibt da diese Episode in der berühmten Erzählung „Der kleine Prinz“ von Antoine de Saint-Exupéry. Darin begegnet der kleine Prinz einem Händler, der mit durstlöschenden Pillen handelt. Eine pro Woche genügt bereits und schon entfällt das Verlangen, trinken zu müssen. Auf die Frage des kleinen Prinzen, warum er das verkaufe, preist der Händler die Zeitersparnis. Glatte dreiundfünfzig Minuten in der Woche. Zeit, in der man machen könne, was man wolle. Daraufhin entgegnet der kleine Prinz: „Wenn ich dreiundfünfzig Minuten übrig hätte, würde ich ganz gemächlich zu einem Brunnen laufen ...“. Hätte er Bad Harzburg gekannt, er hätte sich vielleicht dorthin aufgemacht. Hier im größten Kurort im Harz sprudelt aus sieben Quellen Heilwasser aus der Erde. In der Trink- und Wandelhalle im Badepark lässt sich ein Hauch vergangener Bäderkultur erspüren. Ein bisschen verschroben und in die Jahre gekommen? Vielleicht. Aber gerade deshalb sympathisch: Im Lesesaal kann man kostenlos die Tageslektüre studieren und im Konzertsaal gegenüber Kurkonzerten lauschen. Oder man logiert im Palmen-Café. In jedem Fall fühlt man sich ein bisschen zurückversetzt in vergangene Zeiten. Ist ja auch kein Wunder. Über 100 Jahre alt ist das Gebäude mit seiner markanten Tambour-Pendentif-Kuppel.

TIPP

Baden in reiner Natur-Sole kann man in der Bad Harzburger Sole-Therme.

Und dann ist da der Trinkbrunnen. Genauer gesagt sind es zwei: Der Krodo-Brunnen und der Barbarossa-Brunnen. Wer nach einem Streifzug über den bekannten Baumwipfelpfad oder einem Abstecher beim Luchsgehege einmal eine andere Seite der Stadt kennenlernen möchte, kann hier im historischen Ambiente der Trinkhalle für wenige Cent von diesen Quellen kosten. Achtsam natürlich. Ohne Stress und Hektik. Und dabei sogar eine Glücksfertigkeit schulen: Den Geschmack. Wer das tut, wird feststellen: Wasser schmeckt nicht wie Wasser. Und vielleicht darüber sinnieren: Wie schmeckt eigentlich Glück? Möglich ist das immer wochentags zwischen 09:30 und 14:00 Uhr sowie an Wochenenden und Feiertagen von 09:30 bis 13.00 Uhr.

- Trink- und Wandelhalle im Badepark, 38667 Bad Harzburg
  www.bad-harzburg.de/wellness-gesundheit/wandelhalle/
- ÖPNV: Bus 871, 875, Haltestelle Rudolf-Huch-Straße, Bad Harzburg

Mehr als Silber
und Gold
Hebt Krodos heilige
Quelle
Aus der Tiefe empor:
Den Schatz der Schätze
– Genesung.

Romantisch unterwegs

44 Auf dem Liebesbankweg rund um den Bocksberg

Wer lieben kann ist glücklich. Ein Satz, der auch in einem Poesiealbum stehen könnte. Stimmen tut er trotzdem. Fragt man Profis, sind die sich weitgehend einig: Einer der Schlüssel zum Glück ist das Miteinander, sind Beziehungen. Wer sauertöpfisch durch die Welt geistert, hat es weniger gut. Was passt besser dazu als der Liebesbankweg? Was für ein Name! Es handelt sich um einen der beliebtesten Rundwanderwege. Bei der Publikumswahl 2018 zu „Deutschlands schönste Wanderwege" schaffte er es unter die Top Ten.

Los geht es klassischerweise in Hahnenklee-Bockswiese nahe der Stabkirche. Hier am Großparkplatz lässt sich das Auto bequem abstellen. Das Tor der Liebe weist den Weg. Ein gewaltiger Granitblock. Wie ausgestanzt wirken die zwei Figuren, die etwas weiter versetzt stehen. Lust, die Lücke zu füllen? Warum nicht. Ein beliebtes Fotomotiv, bevor man sich dann aufmacht auf den 7 Kilometer langen Rundwanderweg. Der führt vorbei an üppigen Wiesen und verträumt gelegenen Seen. Und an der einen oder anderen Attraktion, die unterwegs zum Ausprobieren, Mitmachen, Staunen und Wundern einlädt.

Aber vor allem sind es die zahlreichen Bänke, die dem Weg seinen Namen gegeben haben. Insgesamt 25 an der Zahl. Jede individuell gestaltet. Als „Rendezvous"-Bank oder „Kronjuwelenhochzeit"-Bank. Oder auch als venezianisch angehauchte Harzgondeln. Man hat sich was einfallen lassen. Und so stehen die Bänke an besonders schönen Flecken. Mitten im Harzer Nationalpark. Oft mit einer eindrucksvollen Aussicht. Hier lässt sich entspannt relaxen und gemeinsam den Gedanken nachhängen. Der Liebesbankweg ist für alle etwas: Ob Neuverliebte oder Altverliebte, ob Frühverliebte oder Spätverliebte, ob Nicht-, Ehemals- oder Baldverliebte, ob allein, zu zweit, zu dritt, als Familie oder Gruppe. Der Weg bietet Gelegenheit, Zeit miteinander zu verbringen – und glücklich zu sein.

● Liebesbankweg, 38644 Hahnenklee

● ÖPNV: Bus 830, Haltestellen Hahnenklee-Friedhof und Hahnenklee Treff Hotel, Goslar (von dort zu Fuß zum Liebesbankweg), oder Anfahrt mit dem Auto, Großparkplatz an der Stabkirche in Hahnenklee, Am Bocksberg 7 (Beschilderung folgen)

LIEBESBANKWEG

Schoko-Mekka am Stadtrand

45 Im Baumkuchenhaus in Wernigerode

Wernigerode – ein wahres Zuckerbäckerstädtchen. Schon die Innenstadt bezaubert. Kein Wunder, dass sich hier das Backhandwerk heimisch fühlt. Dazu lohnt es auch, einmal etwas abseits zu schauen. Da kann sogar ein Gewerbegebiet punkten. Dottergelb ragt ein Gebäude mit geringelten Türmen hervor: Das Baumkuchenhaus. Für sich genommen schon ein Hingucker. Meist denkt man beim Stichwort „Konditorei" an sündhafte Torten und andere Naschereien. Aber Baumkuchen? Dabei gilt der sogar als „König der Kuchen" und ist deshalb nicht ohne Grund das Symbol für das Konditorenhandwerk.
Hier in Wernigerode wird die alte Tradition der Baumkuchenherstellung lebendig gehalten. Schon vor über 250 Jahren wurde dort Baumkuchen produziert. Was eine ziemlich aufwendige Angelegenheit ist. Da ist ein glückliches Händchen gefragt. Schicht für Schicht muss die Kuchenmasse auf eine Walze aufgetragen werden, die sich permanent bei großer Hitze direkt vor der Flamme dreht. So entstehen die einzelnen Ringe. Wie die Jahresringe eines Baumes. Und die brauchen auch ihre Zeit. Nichts also für ungeduldige Zeitgenossen.
Ein bisschen ähnelt der Baumkuchen dem Stockbrot aus Kindertagen, meint Christian Feuerstack. Und der muss es wissen. Er ist hier der Chef und achtet strengstens darauf, dass sich das Ergebnis sehen lassen kann. Kompakt, aber auch noch saftig muss er sein. Dann stimmt's. Und wenn schon sündigen, dann richtig. Hier sind dem Geschmack keine Grenzen gesetzt. Deshalb gibt es viele Varianten, etwa mit Marzipan oder Nugat. Fehlt noch so etwas wie die Rinde. Das übernimmt die Kuvertüre, die den Baumkuchen dünn überzieht. Apropos Schokolade: Die allein macht ja bekanntlich schon glücklich und hat in Wernigerode ebenfalls eine lange Tradition. Wer noch nicht genug hat: Für ausgefuchste Naschkatzen gibt es den Fabrikverkauf von Wergona Schokoladen nur ein paar Ecken weiter. Schokoladenglück gleich kiloweise …

TIPP

Im Herbst findet in Wernigerode regelmäßig das Schokoladenfestival chocolART statt.

● Harzer-Baumkuchen im Baumkuchenhaus, Neustadter Ring 17, 38855 Wernigerode, Tel. (0 39 43) 63 27 26, www.harzer-baumkuchen.de
● ÖPNV: Bus 4, Haltestelle Baumkuchenhaus Nr. 1, Wernigerode

Harzer Baumkuchen
Baumkuchen aus Wernigerode seit 1749

Genau so

46 Der Glücksgriff auf der Bummelallee in Bad Harzburg

Einfach ein bisschen gemütlich umherschlendern. Sich ohne Ziel treiben lassen. Das geht im Harz wunderbar. Vor allem in Bad Harzburg, entlang der kastaniengesäumten „Bummelallee". Die Flaniermeile heißt eigentlich Herzog-Wilhelm-Straße. Aber das klingt natürlich nicht halb so gut. Also lieber „Bummelallee". Verfehlen kann man sie nicht. Einfach vom Bahnhof aus Richtung Innenstadt. Über 2 Kilometer erstreckt sie sich. Und wer hier ein bisschen die Augen offenhält, wird vieles entdecken. Die Pflanzenskulptur mit zwei springenden Pferden etwa. Klar, Bad Harzburg ist ja die Pferdestadt im Harz. Oder den Jungbrunnen gleich in der Stadtmitte mit lauter gut gelaunten Gnomen. Nicht wirklich eine Wunderquelle. Eher eine Parodie auf den Wahn der immerwährenden Jugend. Die ist im Grunde keine Frage der Lebensjahre, als vielmehr der Lebenseinstellung. Was außerdem auffällt: Während andernorts oftmals große Handelsketten das Stadtbild prägen, sind es hier entlang der Bummelallee viele kleine inhabergeführte Geschäfte, vor allem für Mode und Accessoires.
Wer speziell mit einer Glücksbrille auf der Nase unterwegs ist, wird den „Glücksgriff" nicht verfehlen. Gut sichtbar hängt das Schild hoch über den Köpfen an einer Hauswand. Ein beliebtes Fotomotiv übrigens bei Paaren. Wenn man die richtige Perspektive einnimmt, dann lässt sich gleich noch ein weiteres Schild mit einfangen, das einige Meter weiter hängt: „mon amie". Zuviel des Guten? Egal. Schön ist es trotzdem. So wie auch im „Glücksgriff" mit Deko- und Geschenkideen. Lauter kleinere und größere Dinge, die schon durch den bloßen Anblick ein zufriedenes Gefühl hervorrufen. Bunte Wohlfühlmomente der Inspiration. Genauso wie die Malschule. Auch die findet sich hier. Was man aus alledem macht? Das bleibt natürlich jedem selbst überlassen. Und wenn man dann später sagen kann: Genau so war es richtig, dann hat man ihn vielleicht getätigt: den Glücksgriff.

- Glücksgriff, Herzog-Wilhelm-Straße 93, 38667 Bad Harzburg
http://www.gluecksgriffbadharzburg.de
- ÖPNV: Bus 871, 875, Haltestelle Rudolf-Huch-Straße, Bad Harzburg

lücksgriff
eschenk & Dekorationsartike

Ausgelöffelt

47 Die Feldküche bei Ballenstedt

Sie zählen zu den beliebtesten Gerichten überhaupt: Suppen. Einfach köstlich. Und mitnichten ein Arme-Leute-Essen. Ein Festbankett bei Hofe mit Suppe – geradezu königlich. Suppen gibt es seit jeher und überall auf der Welt. Suppen verbinden. Auch sprachlich. Was hier die Suppe ist, heißt in England „soup", in Frankreich „soupe", in Italien „zuppa" und in Polen „zupa". Beim Thema Suppe fällt das Gespräch leicht. Man versteht sich.

Suppen sind so einfach wie genial. Vor allem Eintöpfe. Alles kleinschnippeln, mit ausgesuchten Gewürzen und – je nachdem – mit Fleisch und Gemüse sowie weiteren Zutaten aufkochen. Fertig. Wer es fachlich sieht, weiß, dass alle wichtigen Nährstoffe in die Suppe gelangen – und bleiben. Oder man genießt die Suppe einfach nur. Als Leckerschmecker. Vor allem, wenn es draußen so richtig ungemütlich ist. Wie hieß es doch früher: Etwas Warmes braucht der Mensch. Ein leckeres Süppchen weckt die Lebensgeister und macht definitiv glücklich. Nein, beim Thema Suppe gibt es keine Ausrede.

Wer im Harz unterwegs ist, weiß die Feldküchen zu schätzen. Die findet man allerorts auf Parkplätzen, vor Baumärkten oder einfach am Straßenrand. So wie bei Ballenstedt. Zum Beispiel. Einfach, zweckmäßig und authentisch geht es hier zu. Ohne viel Schnickschnack. Glücklicherweise auch überdacht, was sich bei schlechtem Wetter auszahlt. Wichtigstes Utensil jeder Feldküche: Der Feldkochherd, landläufig auch „Gulaschkanone" genannt. Daraus schmeckt ein Eintopf immer noch am besten. Vorzugsweise eine deftige Erbsensuppe. Ein preiswerter Sattmacher. Man nehme geschälte Erbsen, Möhren, Sellerie, Lauch oder Porree, Zwiebeln natürlich und Kartoffeln, die müssen auch sein, etwas Bauchspeck, dann Salz, Pfeffer und Majoran, vielleicht auch etwas Senf oder … ach, hier bewahrt jeder so sein eigenes Suppengeheimnis. Und nach dem Auslöffeln weiß man: Nicht nur Liebe geht durch den Magen. Auch das Glück.

● Feldküche S. Kather an der B185, zwischen Ballenstedt und Mägdesprung
● Anfahrt am besten mit dem Auto

Mal appschalten

48 Der historische Briefkasten in Stolberg

Direkt am bekannten Marktplatz in Stolberg hängt kaum zu übersehen ein Briefkasten. Ein verschnörkeltes Schmuckstück, selbst bereits ein kleines Kunstwerk, dessen Farbe geradezu hervorsticht. Das Kästlein ziert nicht etwa, wie man vielleicht erwarten würde, ein helles Postgelb. Nein, es zeigt sich in einem satten Blau.

In den heutigen modernen Zeiten mutet so etwas wie ein Briefkasten ja beinahe selbst wie ein Relikt aus vergangenen Tagen an. Allemal aber bei einer so historisch angehauchten Variante (es handelt sich übrigens um die Nachbildung eines preußischen Briefkastens aus dem 19. Jahrhundert). Und der steht hier nicht etwa deshalb, weil die Netzverbindungen so überaus schlecht sind. Da ist es im Harz nicht sonderlich anders als andernorts auch.

TIPP
So einen historischen Briefkasten gibt es auch am Schloss Wernigerode zu sehen. Der ist tatsächlich gelb.

Aber wer braucht heute noch Briefkästen, vor allem im Urlaub, wenn man die Lieben daheim doch per WhatsApp, Facebook, Instagram, Snapchat oder Twitter direkt an allem teilhaben lassen kann? Hier noch schnell ein Schnappschuss oder Selfie gepostet und auf zur nächsten Attraktion. Stets „on" und mit aller Welt verbunden. So fern und doch so nah. Manchmal zu nah. Dabei kann doch die Distanz befreiend sein. Nicht nur räumlich. Mal wirklich alles hinter sich lassen und sich aus selbst angelegten Fesseln lösen. Autonom sein – gerade wenn und weil man unterwegs ist. Ein kleiner Neuanfang. Sich ein stückweit mal wieder auf das besinnen, was einem wichtig ist. Nicht immer das Gefühl haben, gleich reagieren zu müssen. Bloß weil das Handy blinkt, wenn eine neue Nachricht eintrudelt? Wieder offen werden und sich Zeit nehmen. Vielleicht für ein paar handgeschriebene Zeilen. Ganz bewusst. Das hat eine andere Qualität. Und macht glücklich. Nicht nur sich selbst. Einfach ausprobieren. Und dabei appschalten. Natürlich wird der blaue Briefkasten ganz regulär von der Deutschen Post geleert.

- Historischer Briefkasten, Am Markt 5, Südharz (OT Stolberg)
- ÖPNV: Bus 254, 255, Haltestelle Stolberg Markt; Bus 450, Haltestelle Bahnhof oder Markt, Stolberg

POSTBRIEFKASTEN
BRIEFKASTENLEERUNG

Die Spur der Steine

49 Die Teufelsmauer bei Weddersleben

Sie wirken so unwirklich. Wie von Geisterhand aufgetürmt. Oder von Riesen in die Landschaft gepflanzt. Einfach so. Schroffe Felsformationen aus gewaltigen Gesteinsblöcken. Die Harzklippen. Man findet sie überall. Seltsam verklärt, mit teils mystischen oder märchenhaften Namen, wie die Höllenklippe, die Große Teufelsmühle, die Hexenklippe oder die Schneewittchen-Klippen. Und natürlich auch die Teufelsmauer bei Weddersleben. Übergroße Felsformationen, die sich hier aus dem Boden zu erheben scheinen. Und nicht nur hier. Von Ballenstedt bis hinunter nach Blankenburg zieht sich die Teufelsmauer. Immer mal wieder lugt sie hervor, dann scheint sie wieder wie vom Erdboden verschluckt. Doch auch, wenn sich im Harz vieles um Sagen und Legenden dreht. Mit dem Teufel ist es bei der Teufelsmauer dabei nicht zugegangen. Hier wirkten allein die Kräfte der Natur. Und das über Jahrmillionen. Wasser und Frost ließen die ursprünglichen Felsen zerbersten und hinterließen einzigartige Gesteinsformationen. Und zauberten ganz nebenbei diese herrlich zerklüfteten Landstriche. Viele Harzklippen stehen als Naturdenkmäler unter einem besonderen Schutz.

Harzklippen wie die Teufelsmauer sind einzigartige Glücksorte. Sei es als wunderbare Aussichtsplätze, von wo aus man den Blick einmal mehr in die Weite schweifen lassen kann. Sei es als beeindruckende Kulisse, vor der man einfach nur staunend steht und sich fragt: Wie kann das gehen? Es lohnt, die Teufelsmauer von unterschiedlichen Seiten zu betrachten. Oder auch aus der Entfernung. Ein Rundweg macht das möglich. Mit Fantasie lassen sich Figuren ausmachen. Wie bei einem Scherenschnitt. Ein Glück, dass uns die Natur solche Naturwunder überlassen hat. Weil sie tatsächlich etwas Besonderes sind. Weil sie den Kontrast zeigen. Und den braucht auch das Glück. Denn echtes Glück wird nur genießen können, wer auch die Kehrseite der Medaille kennt.

TIPP

Einen anderen beeindruckenden Teil der Teufelsmauer findet man bei Blankenburg-Timmenrode.

- Teufelsmauer bei Weddersleben, 06502 Thale (OT Weddersleben)
- Anfahrt mit dem Auto, Parkplatz Teufelsmauer, Alte Quedlinburger Straße

Im Harzer Auenland

50 In den Höhlenwohnungen in Langenstein

Ob der britische Schriftsteller J. R. R. Tolkien, Schöpfer der beiden Bestseller „Der Herr der Ringe" und „Der Hobbit", jemals hier in Langenstein nahe Halberstadt war? Fast könnte man es annehmen. Ein bisschen fühlt man sich angesichts der Höhlenwohnungen in das Auenland versetzt. Und es würde einen nicht wundern, wenn ein Hobbit Pfeife schmauchend um die Ecke käme. Noch bis zu Beginn des 20. Jahrhunderts lebte man hier.

Ein kleiner Zeitensprung zurück zu den Anfängen, so um das Jahr 1850. Bezahlbarer Wohnraum? Fehlanzeige. Aber Not macht ja bekanntlich erfinderisch. Also haute man hier auf dem Schäferberg und oben auf der Altenburg kurzerhand Höhlen in den Sandstein. Eine beschwerliche Arbeit, die sich jedoch lohnte. Nach wenigen Wochen waren die ersten Wohnräume bezugsfertig, jeweils mit einer guten Stube, einer Kammer, einem Kinderzimmer und einer Küche samt Raum für die Vorräte. Heute mag es uns beengt und dunkel vorkommen. Für damalige Verhältnisse waren die Höhlenwohnungen ein absoluter Glückstreffer.

TIPP
Neben den zehn Wohnungen am Schäferberg gibt es noch zwei auf der Altenburg.

Die Chroniken erwähnen rote Geranien vor den Fenstern und kleine Gärten, in denen Petersilie, Schnittlauch, Bohnenkraut und ein paar Blumen wuchsen. Man machte es sich neben dem Ofen in einem alten Lehnstuhl oder auf einem geblümten Sofa bequem. Licht spendete eine Petroleumlampe, denn hell waren die Höhlenwohnungen tatsächlich nicht. Wie auch? Noch war die Glühbirne nicht erfunden. Im Eckschrank bunte Tassen und ein paar Gläser. Der Fußboden bestreut mit weißem Sand. Klingt irgendwie heimelig. Und gut temperiert war es auch. Besser als in den Häusern im Dorf. Und das sommers wie winters. „Wie schön es hier war, habe ich erst später begriffen", erinnerte sich einmal Gottlieb Zander, der hier vor über 100 Jahren zu Hause war. Ein Zitat, das uns noch heute viel über das Glück verrät. Manchmal verborgen, wird es uns viel zu oft erst später bewusst. Das Glück aber im Moment zu erkennen – eine Kunst für sich. Auch daran kann ein Besuch der Höhlenwohnungen erinnern.

- Höhlenwohnungen Langenstein, Schäferberg 23, 38895 Langenstein
- Anfahrt am besten mit dem Auto

Auf einen Plausch

51 Im Dorfladen in Deersheim

In einem Reiseführer wird man Deersheim, ein beschauliches Dörfchen nahe Osterwieck, kaum finden. Es reiht sich nicht ein in die touristischen Hotspots. Geschichte wurde im Harz andernorts geschrieben. Überliefert ist lediglich, dass sich Anna Rebecca von Münchhausen, eine Schwester des legendären Lügenbarons, und ein gewisser Rudolf von Gustedt hier im Jahre 1743 das Jawort gaben.
Und doch – oder vielleicht sogar deshalb – ist Deersheim ein Glücksort. Warum? Dazu muss man jetzt etwas ausholen. Und sich ein paar Umstände in Erinnerung rufen, die gar nicht so glücklich waren. Umstände, wie sie viele Dörfer treffen. Und das nicht nur im Harz. So schloss vor einigen Jahren die örtliche Kaufhalle. Damit schwand auch die letzte Möglichkeit, sich mit den alltäglichen Dingen einzudecken. Für die Deersheimer war das wohl der berühmte Tropfen, der das Fass zum Überlaufen brachte. Was tun? Ein Alternative musste her. Dringend. Schließlich kam die Idee auf, die Dinge selbst in die Hand zu nehmen. Man gründete kurzerhand eine Genossenschaft und eröffnete schließlich einen eigenen Laden, den Dorfladen. Der ist in einem ehemaligen Gutshof untergebracht und bietet seit 2016 das Wichtigste für den täglichen Bedarf. „Im Bullenstall gibt's Toastbrot", wie sogar DIE ZEIT einmal titelte.
Inzwischen ist mehr daraus geworden. Der Dorfladen hat sich auch zu einem Treffpunkt gemausert. Persönlich – herzlich – nah, so die Devise. Das schafft Lebensqualität – generationsübergreifend. Vor der Tür steht die Klönbank und drinnen, gleich neben der Kasse, ist das Dorf-Café. Immer gut für einen Plausch bei Kaffee und Kuchen. Oder bei einem ausgedehnten Frühstück. Inzwischen ist die Dorfladen-Idee mehrfach preisgekrönt und selbst Vorbild und Modell. Das Glück zeigt sich also auch dort, wo man Schwierigkeiten trotzt. So gesehen hat das Glück viele Gesichter. Und es zeigt sich in vielen Gesichtern. Ein Glück, das ansteckend wirkt, wenn man sich darauf einlässt.

- Dorfladen, Neue Straße 7, 38835 Deersheim, Tel. (03 94 21) 68 20 73
- ÖPNV: Bus 210, 212, 213, Haltestelle Busbahnhof, Deersheim

Zitrone
Stk 0,55€

Abenteuer Kunst

52 In der Stubengalerie in Goslar

Goslar, eine Stadt mit Kultur von Weltrang, keine Frage: Kaiserpfalz, Zwinger, Rathaus – man weiß gar nicht, wo man ansetzen soll. Aber es sind nicht nur diese Aushängeschilder, die einen Besuch in Goslar lohnend machen. Da sind auch noch die kleinen Perlen. Manchmal etwas versteckt und abseits der Ameisenstraßen. Ein Geheimtipp findet sich etwa in der Abzuchtstraße, mitten in der idyllischen Altstadt: Die Stubengalerie, Goslars wohl ungewöhnlichste Kultur- und Kultstätte. Alles andere als eine 08/15-Galerie. Wer dort nicht vorbeigeschaut hat, verpasst wirklich etwas.

Den Grundstein legte Alwin Grashoff in den 1970er-Jahren. Hier an der Abzucht fand er ein Haus mit mehreren Stuben – die Stubengalerie war geboren. Eher aus einer Laune heraus, wie Antje Stoetzel-Tiedt, die jetzige Inhaberin und Enkelin, bemerkt. Sie führt die Traditionsgalerie inzwischen in dritter Generation fort. Eine Herzensangelegenheit, wie sie bemerkt. Schließlich, so ihre Überzeugung, tut Kunst der Seele etwas Gutes.

TIPP
Ein Blick in den Garten wagen – im Galeriegarten des Hauses haben sich namhafte Künstler verewigt.

Im Laufe eines halben Jahrhunderts hat sich die Galerie zu einem Treffpunkt für Kunstinteressierte und Künstler entwickelt. Klein aber fein. Äußerst fein, um genau zu sein: Bekannte Namen wie Janosch, Otmar Alt, Markus Lüpertz, Horst Janssen, Ben Willikens – die Riege ist lang und hochkarätig. In wechselnden Ausstellungen werden Werke renommierter Künstler ebenso gezeigt wie die junger Sterne am Kunsthimmel. Echte Hingucker.

Apropos: Kunst liegt ja bekanntlich immer im Auge des Betrachters. Sie braucht keine langen Erklärungen. Sie spricht für sich. Bestenfalls regt sie an. Zum Nachdenken beispielsweise: Was verbirgt sich hinter dem Sichtbaren? Was berührt mich? Und warum? Wer der Seele etwas Gutes tun möchte, sollte sich einen Besuch der Stubengalerie nicht entgehen lassen. Der Besuch kostet nichts. Und wenn das Glück zu finden eine Kunst ist – vielleicht findet sich ja in der Kunst selbst ein Quäntchen Glück.

- Stubengalerie, Abzuchtstraße 4, 38640 Goslar, Tel. (0 53 21) 4 09 57
  http://www.galerie-stoetzel-tiedt.de
- ÖPNV: Bus 803, 822, 830, Haltestelle Kaiserpfalz, Goslar

FREIE
UN
AN
GEWANDTE
KUNS
GALERIE
STUBEN
GALERIE
STUBEN
GALERIE

Hast Du Töne

53 Der Steinway-Park in Seesen

Ein flotter Rhythmus, eine eingängige Melodie, beides kann berühren und regelrecht unter die Haut gehen. Mal macht uns der Klang der Musik ein bisschen sentimental, ein anderes Mal sind wir beschwingt und voller Energie. Man könnte Bäume ausreißen. Was wären viele glückliche Stunden ohne die richtige Musik? Und was wäre die richtige Musik ohne das passende Instrument mit dem perfekten Klang?

Wenn es um Klaviere und Flügel geht, schwören Virtuosen an den Tasten auf exklusive Exemplare von Steinway & Sons. Benannt sind sie nach Henry E. Steinway und seinen Söhnen. So bekannt die Marke, so wenig bekannt ist die Geschichte dahinter. Henry E. Steinway hieß eigentlich Heinrich Engelhard Steinweg, stammte aus Wolfshagen im Harz und arbeitete als Schreiner und Instandsetzer von Orgelpfeifen im nicht weit entfernten Seesen. 1825 fertigte er sein erstes Klavier an. Ein Hochzeitsgeschenk für seine Verlobte. Doch die Zeiten waren nicht eben rosig. Und so wanderte die Familie 1850 in die USA aus. Aus Steinweg wurde fortan Steinway und eine unnachahmliche Erfolgsstory und ein Paradebeispiel des amerikanischen Traums nahm seinen Lauf. Heute geben Steinway-Klaviere rund um den Globus den Ton an. Stars von Rang und Namen wie Martha Argerich, Daniel Barenboim oder Lang Lang sind nur einige Namen, die auf Steinway setzen.

TIPP
Den 14 Kilometer langen Steinway-Trail zwischen Wolfshagen und Seesen erwandern.

Hier in Seesen wurde 1835 auch William Steinway als viertes von insgesamt zehn Kindern geboren. Zeit seines Lebens hielt er den Kontakt zu seiner Heimatstadt. Er engagierte sich in sozialen Belangen und stiftete auch den nach ihm benannten Steinway-Park. Den Eingang kann man kaum verfehlen. Ein markanter goldener Flügel zeigt, wo es langgeht. In der Konzertmuschel gegenüber finden im Sommer Parkkonzerte statt. Ein lauschiges Plätzchen für die kleine Auszeit. Und dabei den aktuellen Lieblingssong pfeifen. Hier geht das. Einfach ausprobieren.

- Steinway-Park, Lautenthaler Straße 70 (gegenüber), 38723 Seesen
- ÖPNV: Bus 859, Haltestellen Kurpark und Tennis-Zentrum, Seesen

STEINWAY & SONS
NEW YORK HAMBURG
STEINWAY

Ein Bissen Glück süßsauer

54 Die Apfelkiste in Wernigerode

Herrlich liegt der Apfel in der Hand. Dann die Augen schließen und beherzt hineingebissen. Fruchtig und erfrischend. Vielleicht ein bisschen säuerlich. Zugleich die Süße. Glück, das man schmecken kann. Und sogar sehen. Wenn die Farben in rot oder grün leuchten, dann lacht das Auge. Und gesund ist ein Apfel obendrein. Äpfel haben bekanntlich wenig Kalorien, dafür viel Wasser und Vitamine unter der knackigen Schale. Und wie heißt doch eine englische Volksweisheit? „An apple a day keeps the doctor away." Na also!

Ach ja, der Apfel. Stundenlang könnte man über ihn philosophieren. Über das Symbol der Versuchung, des Lebens und der Liebe. Sinnlich und verführerisch. Schon unsere Vorfahren wussten um die Magie des Apfels. Verehrer überreichten ihn der Liebsten früher zur Verlobung. Der kandierte rote Liebesapfel auf der Kirmes lässt noch heute daran erinnern. Und dann die Vielfalt der verschiedenen Sorten. Erstaunlich. Da ist für jeden Geschmack etwas dabei. Kein Wunder also, dass der Apfel das beliebteste Obst hierzulande ist.

TIPP

Wer will, kann sogar selbst pflücken. Das weckt Kindheitserinnerungen und macht doppelt glücklich.

Fährt man aus Wernigerode raus Richtung Halberstadt, dann liegt rechterhand die „Apfelkiste". Dank eines überdimensionierten Apfels lässt sie sich gar nicht verfehlen. Für „'n Appel und 'n Ei" gibt es hier Obst direkt vom Erzeuger statt aus dem Supermarkt. Vom Spätsommer bis in den Herbst hinein vor allem Äpfel. Aber nicht nur die. Je nachdem, was gerade Saison hat, auch Erdbeeren, Kirschen oder Pflaumen.

Da darf es auch mal ein Apfel mehr sein. Denn der ist ein unkompliziertes Multitalent. Sei es frisch als sättigender Snack zwischendurch, als Zugabe zum Salat oder im Pfannkuchen. Den genießerischen Ideen sind keine Grenzen gesetzt. Und wenn erst einmal der Duft eines noch ofenwarmen Apfelkuchens die Nasenspitze umschmeichelt, dann ist der Glücksolymp erreicht.

● Harz Obst, Ernst Kortegast Obstplantage, Halberstädter Straße, 38855 Wernigerode, Tel. (0 39 43) 2 20 07
● Anfahrt am besten mit dem Auto

pfel

Im Zeichen der Wikinger

55 Die Stabkirche in Hahnenklee-Bockswiese

Der Norden verzaubert. Speziell Skandinavien zählt mit zu den beliebtesten Urlaubsregionen. Weil es landschaftlich reizvoll ist und die Sonne im Sommer nie so wirklich untergeht? Vielleicht. Aber auch, weil man dort zu leben weiß. „Hygge" heißt das dänische Glücksrezept, das weit mehr ist als nur Gemütlichkeit. Noch etwas weiter nördlich ist das Glück ebenfalls zu Hause. In Norwegen. Und zwar ganz offiziell – trotz kalter und dunkler Winter. Unlängst schaffte es Norwegen nämlich beim World Happiness Report der Vereinten Nationen auf das vorderste Treppchen. Woran das liegt? Sicher an der dortigen Lebenseinstellung. Wie formulierte es doch der einflussreiche Denker Erich Fromm: Glück ist kein Geschenk der Götter, es ist die Frucht der inneren Einstellung.

TIPP

In Hahnenklee um den Kranicher Teich spazieren, der Teil des Oberharzer Wasserregals ist.

An all das mag man sich erinnern, wenn man vor der Stabkirche steht. Keine der sonst anzutreffenden klobigen Steinkirchen. Eine Kirche komplett aus Holz. Die Grundkonstruktion kommt ganz ohne Nägel und Schrauben aus. So findet man sie eigentlich nur in Norwegen. Tatsächlich nahm sich der Architekt Karl Mohrmann ein norwegisches Glanzstück zum Vorbild, die Stabkirche von Borgund. In gerade einmal zehn Monaten erbaute er 1907 ein Harzer Pendant mit ganz eigenem Charakter. Anders als übrigens der Preußenkönig Friedrich Wilhelm IV. (1795–1861). Der ging da weniger findig vor und ließ eine solche Stabkirche aus dem norwegischen Vang kurzerhand ins Riesengebirge verfrachten.

Auch wenn Stabkirchen einfach gehalten sind, lohnt es sich, auf Details zu achten. Die Wikinger lassen grüßen. Das Kirchendach etwa ähnelt einem auf den Kopf gestellten Wikingerschiff. Drachenköpfe wirken wie Gallionsfiguren. Das Innere dekorieren zahlreiche Schnitzereien. Ein Kronleuchter erinnert an ein Steuerrad, während die Fenster Bullaugen gleichen. Eine Besonderheit ist das Carillon, ein Turmglockenspiel. Regelmäßig finden auch Orgelkonzerte statt. Wo man die Stabkirche findet? Natürlich im Norden des Harzes, in Hahnenklee-Bockswiese.

- Stabkirche, Professor-Mohrmann-Weg 1, 38644 Hahnenklee-Bockswiese www.stabkirche.de
- ÖPNV: Bus 830, Haltestellen Hahnenklee-Friedhof und Hahnenklee Treff Hotel, Goslar, oder Anfahrt mit dem Auto, Großparkplatz an der Stabkirche in Hahnenklee, Am Bocksberg 7 (Beschilderung folgen)

Folge den gelben Schuhen

56 Die Marktstraße 1 in Wernigerode

Direkt am Markt in Wernigerode, ganz in der Nähe des historischen Rathauses, befindet sich die Marktstraße 1 – eine Adresse, die man sich unbedingt merken und für die man ein bisschen Zeit einplanen sollte. Denn hier versteckt sich hinter der Fassade eine bunte Welt. Viel abwechslungsreicher, als den meisten Besuchern bewusst ist. Die Tür steht offen? Dann hereinspaziert. Durch den Hausflur hindurch, einfach den gelben Schuhen folgen. Und schon ist man im Hinterhof. Oder besser Kunsthof. Der ist für sich genommen schon ein kleiner Glücksort. Eine unausgesprochene Einladung zum Zurückziehen, Umschauen und Ausspannen.

Bevor man sich wieder hinauswagt und unter die Touristen auf dem Marktplatz mischt, lohnt es, noch einen Schwenk zu machen. Die Treppe hinauf eine Etage höher in die „Galerie im Ersten Stock". Ein Kunststück, was der Wernigeröder Kunst- und Kulturverein hier auf die Beine stellt. Über das ganze Jahr gibt es wechselnde Kunstausstellungen. Es lohnt also, immer mal wieder vorbeizuschauen und Neues zu entdecken. Und das völlig kostenlos. Alles wird privat organisiert und erfolgt ehrenamtlich. Besuche sind deshalb außer montags möglich von Dienstag bis Freitag von 11 bis 12 und von 14 bis 17 Uhr, Sonnabend von 11 bis 17 Uhr und Sonntag von 14 bis 17 Uhr.

TIPP
Was die Marktstraße 1 in Wernigerode ist, ist das Quartier 7 in der Marktstraße 7 in Quedlinburg.

Und dann ist da noch – aller guten Dinge sind drei – die Remise. Der Veranstaltungsraum im historischen Fachwerkbau direkt nebenan gehört mit dazu. Hier können vor allem Jazzfreunde die Lauscher aufsperren. Die Konzertreihe „Jazz in der Remise" des Jazzclubs im Wernigeröder Kunst- und Kulturverein bietet Live-Jazz vom Feinsten. Darüber hinaus finden in der Remise auch Theater, Kabarett, Lesungen oder Vorträge, wie der historisch-literarische Salon, statt. Weshalb es auch heißt, in der Remise ist eigentlich immer was los. Hier ist schon so mancher unvergessliche Abend ausgeklungen. Übrigens: Infoflyer für kommende Veranstaltungen liegen in der Galerie im Ersten Stock aus.

- Wernigeröder Kunst- und Kulturverein e. V., Marktstraße 1, 38855 Wernigerode, Tel. (0 39 43) 5 57 11 30
- ÖPNV: Bus 201, 202, 203, 204, Haltestelle Rendezvous, Wernigerode

Kunst- und
Kulturverein e.V.
HOF

Good Vibrations

57 Das Summloch in Blankenburg

Wer kennt das nicht? Die vielen Eindrücke, die tagtäglich auf einen einprasseln. Dann all die Verpflichtungen. Und obendrein ein Kopf voller herumspukender Gedanken. Wo bleibt da das sinnliche Erleben? Mal wieder Sonne auf der Haut spüren oder sich dem Duft von frisch gemähtem Gras hingeben. Oder sich einfach von einer Melodie gefangen nehmen lassen. Und dabei den Soundtrack des Lebens im Ohr haben. Den kann man auch prima vor sich her summen. Auf der Straße. Und wenn man in Blankenburg im Thiepark am Summloch vorbeikommt, auch dort.

Nein, ein typisches Harzer Gewächs ist das Summloch nicht. Ganz im Gegenteil. Seine Ursprünge soll es auf Malta haben. Dort sollen Summlöcher schon zu vorchristlichen Zeiten eine Rolle gespielt haben. Wozu sie genau dienten? Auch wieder so ein bislang nicht wirklich gelüftetes Geheimnis.

Das Auffälligste an dem Steinquader: Das markante Loch. Was tun? Wie gut, dass direkt nebenan eine Anleitung steht. Also einmal tief einatmen, den Kopf mutig in das Loch stecken und dann summend langsam ausatmen. Wenn man der Empfehlung Glauben schenken darf, dann geht das am besten, wenn die Lippen geschlossen sind. Ganz locker. Nicht verkrampft. Die Kunst dabei: Den eigenen Ton zu finden. Hier heißt es, ein bisschen auszuprobieren. Dabei darf man ruhig mit unterschiedlich hohen Tonlagen experimentieren. Irgendwann hat man sich beim eigenen Ton eingesummt. Woran man den erkennt? Man spürt es. Im Rücken, im Bauch, in den Beinen bis hinunter in die Fußsohlen. Ein Kribbeln, das den ganzen Körper erfasst. Wenn man so will eine sinnliche Ganzkörpererfahrung. Auf jeden Fall ein Sinnes-Wandel. Ein bisschen zurück zu den Ursprüngen. Und wer will, kann einiges vom Ballast des Alltags beim Ausatmen gleich mit aussummen. Das macht den Kopf wieder frei. Ausprobieren lohnt. Und Spaß macht es obendrein.

TIPP

Ein weiteres Summloch steht in Wernigerode im Oberpfarrkirchhof an der St. Silvestrikirche.

- Summloch im Thiepark, 38889 Blankenburg
- ÖPNV: Zug, Haltestelle Bahnhof, Blankenburg

Ganz nah dran

58 Im Hospiz Großes Heiliges Kreuz in Goslar

„Viele suchen ihr Glück, wie sie ihren Hut suchen, den sie auf dem Kopf tragen." So formulierte es einmal der österreichische Schriftsteller Nikolaus Lenau. Will sagen: Manchmal sieht man das Glück gar nicht, obwohl es doch zum Greifen nah ist. An Lenaus Spruch mag man sich erinnern, wenn man am Hospiz Großes Heiliges Kreuz in Goslar vorbeikommt. Ein Ort mit einer bewegten Geschichte. Gegründet im 13. Jahrhundert, widmete man sich den Alten, Kranken und Armen. Bedürftige fanden hier im Mittelalter ebenso Aufnahme wie Pilger, die eine Bleibe für die Nacht suchten. Für viele damals ein Glück. Der hintere Bereich wird übrigens noch heute bewohnt.

In den ehemaligen Pfründnerstübchen, kleinen Kammern, die gerade genug Platz boten, um ein Bett, einen Schrank und einen Tisch unterzubringen, hat heute die Kreativität eine Bleibe gefunden. Manche nennen es Kunsthandwerk, andere sprechen von Virtuosen des Einzelstücks oder Meistern der kleinen Serie. Hier gibt es Unikate zum Gebrauch mit künstlerischem Touch. Hinter den dicken Mauern, wo man Ruhe und Muße findet, wird gespielt: Mit unterschiedlichen Materialien und Formen. Von Kindermode bis zu Papier- und Holzarbeiten. Als Besucher ist man selbst nah dran. Kann den Künstlerinnen und Künstlern über die Schulter schauen. Es geht eine Spur kleiner, gemächlicher, beschaulicher und vor allem persönlicher zu. Etwas, was kein Online-Shop und auch keine stereotype Einkaufswelt bieten können.

TIPP
Lohnend ist es auch, einen Blick in den Hinterhof zu werfen, ein Kleinod abseits des Trubels.

Aber wir waren ja beim Hut. Der kommt wieder. Ganz weg war er ohnehin nie. Was wären Jacqueline Kennedy Onassis, Udo Lindenberg oder Johnny Depp (Letzterer spielte in der Verfilmung des berühmten Kinderbuchs „Alice im Wunderland" sogar den verrückten Hutmacher) ohne charakteristische Kopfbedeckung? Der Hut als Ausdruck eines Lebensgefühls – und der Lebenslust. Auch das eine Form des Glücks. Selbst wenn die Kunsthandwerker in den Kemenaten schon mal wechseln können – dort einen Hut zu finden ist keine Glückssache.

- Kunsthandwerk im Großen Heiligen Kreuz, Hoher Weg 7, 38640 Goslar, Tel. (0 53 21) 2 18 00 www.kunsthandwerk-ghk-goslar.de
- ÖPNV: Bus 803, 822, 830, Haltestelle Kaiserpfalz, Goslar

Steineflitschen für Einsteiger

59

An der Okertalsperre bei Oker

Manchmal gibt es Dinge, die völlig sinnfrei sind. Und die vielleicht gerade deshalb glücklich machen. Steine flitschen lassen beispielsweise. Ein kurzweiliger und launiger Zeitvertreib, dem schon die alten Griechen an ihren Küsten nachgingen. Wer es selbst einmal ausprobieren will, findet bei einem Spaziergang an der Okertalsperre an einigen Stellen ein recht gutes Trainingsgelände. Vor allem, wenn das Wasser nicht zu hoch steht und sich geeignete Steine aufstöbern lassen. Oder man bringt gleich selbst welche mit. Dann braucht man sich nur noch eine wellenberuhigte Zone zu suchen und auf geht's …

Was macht den perfekten Wurf aus? Das ist schon eine Wissenschaft für sich. Erstmal ein passender Stein. Am besten möglichst flach. Dann braucht es die richtige Power beim Wurf, damit der Stein die Wasseroberfläche nur kurz berührt und dann weiterhüpft. Und schließlich der richtige Winkel beim Wurf. 10 bis 20 Grad sind optimal. Darauf schwören jedenfalls Rekordhalter wie der US-Amerikaner Russell Byars. 2007 sicherte er sich mit 51 Hüpfern einen Eintrag im Guinness-Buch der Rekorde. Inzwischen hat ihm sein Landsmann Kurt Steiner den Rang streitig gemacht. Der Top-Werfer brachte es 2013 sage und schreibe sogar auf 88 Sprünge. Je nach Geschick kann man auch als Amateur drei, vier oder sogar fünf Hüpfer schaffen. Mit ein bisschen Glück können es vielleicht auch noch ein paar mehr werden, bevor sich der Stein dann verabschiedet und auf Nimmerwiedersehen in den Tiefen des Sees versinkt.

Wer seinen Lieblingsstein wieder heben will: Man kann in der Okertalsperre auch tauchen oder aber – wem der Stein nicht ganz so wichtig ist – anderen trendigen Wassersportarten nachgehen, wie Stand-up-Paddling. Eigene Ausrüstung sollte man mitbringen. Oder ist das zu anstrengend? Dann findet sich auf der „MS AquaMarin" sicher noch ein Plätzchen für eine entspannte Ausflugstour auf dem See. Apropos Aquamarin: Das ist auch der Name eines hellblauen Edelsteins, der als Glücksstein der Seefahrer, Forscher und Reisenden gilt. Wie passend …

- Okertalsperre Vorsperre an der B 498, 38707 Altenau
- ÖPNV: Bus 861, Haltestelle Okertalsperre Vorsperre, Altenau

It's A Man's World

60 The historical Barber in Pullman City Harz

Für die Männerwelt ist sie eine der letzten Bastionen: Die Rasur und das Stylen des Bartes. Wenn es denn einer sein darf. Und dann die Qual der Wahl: Nass oder trocken? Das wird beinahe zur Glaubensfrage. Ebenso ob man selbst Hand anlegt oder den Gang zum Profi wählt. Eigentlich schien die Arbeit des Barbiers hierzulande schon ausgestorben. Doch inzwischen ist das Handwerk wieder da. Und selbst wer eher auf die Trockenrasur schwört: Einen Besuch beim Bartscherer darf Mann sich tatsächlich einmal gönnen. Im Harz geht das in der Westernstadt Pullman City bei Hasselfelde. Wer nur zum Barbier möchte, kurz an der Kasse sagen. Der Barbershop selbst ist schnell gefunden. Einfach am Büro des Sheriffs und dem Knast vorbei und schon ist man da.

Bereits die Einrichtung ist museumsreif. Ein passendes Ambiente. The historical Barber heißt mit bürgerlichem Namen Ulrich Junga. Und er weiß, wie man das Eis bricht. Gleich entwickelt sich ein kurzweiliges Gespräch. Jetzt heißt es Platz nehmen und sich zurücklehnen im Barbers' Chair. Selbstredend, dass das gute Stück natürlich auch historisch ist. Und ehe Mann sich versieht, legt sich bereits ein warmes Tuch auf das Gesicht. Das entspannt und ist beruhigend für die Haut. Dann wird es schaumig, bevor der Barbier schließlich zu Werke schreitet. Scharf ist die Klinge. Aber mit geübter Hand geht es nach allen Regeln der Kunst präzise über Hals, Wangen und das Kinn. Bartträger bekommen natürlich den entsprechenden Feinschliff. Noch ein Rasierwässerchen und schon ist man wieder um eine Erfahrung glücklicher. Wer jemals das Ambiente einer Rasur genossen hat, wird die nicht mehr missen wollen. Wohlfühlatmosphäre inbegriffen.

Wer die Augen aufhält, kann The historical Barber Ulrich Junga auch andernorts treffen, etwa auf Countryfesten oder mittelalterlichen Ritterspielen, landauf, landab. Dann ist der Shop geschlossen. Termine stehen im Netz.

● The historical Barber, Am Rosentale 1, 38899 Hasselfelde (in der Westernstadt Pullman City Harz), Tel. (01 76) 77 09 60 76, www.historical-barber.de

● Anfahrt am besten mit dem Auto

OPEN

Einfach. Glücklich. Sein!

61

Der Romantische Winkel in Bad Sachsa

Manchmal versteckt sich das Glück. Irgendwo verborgen im hintersten Winkel. Und manchmal zeigt es sich recht offen. So wie etwa im Romantischen Winkel in Bad Sachsa im niedersächsischen Teil des Harzes. Das kleine Städtchen an der Uffe ist einer von mehreren anerkannten Kurorten im Harz. Und das bereits seit über einhundert Jahren. Im Harz ließ sich schon immer was für das Wohlbefinden tun. Klar. Unberührte Natur und mildes Klima tragen noch heute dazu bei.
Wem das Kuren ein bisschen zu altbacken klingt, setzt vielleicht lieber auf Wellness und Spa. Entspannen, relaxen und Geist, Körper und Seele etwas Gutes tun. Mußestunden, um die Kraftreserven aufzutanken. Auch dabei kann man im Harz glücklich werden. Eine der ersten Adressen für einen solchen Glücksort: der Romantische Winkel, etwas oberhalb des Ortskerns am künstlich angelegten Schmelzteich. In dem familiengeführten Ressort hat man sich gleich das passende Motto auf die Fahne geschrieben: „Einfach. Glücklich. Sein!". Aha. Na, wer das Glück so in den Mittelpunkt stellt, wird sich auch einem Glückstest nicht verschließen. Also mal ein genauerer Blick genommen. Inkognito natürlich.
Fazit: Ja, hier lässt sich dem Wohlbefinden nicht nur auf die Sprünge helfen. Hier ist es zu Hause. Tageswellness DaySPA (auch NightSPA geht!), ein Kurztrip oder sogar ein längerer Aufenthalt? Alles möglich. Und ist man erst einmal angekommen, heißt es: Ab in die Bademäntel und hinein! In der Badewelt mit Pools draußen und drinnen und Saunalandschaften oder den Ruhe- und Fitnessräumen fühlt man sich mir nichts, dir nichts aus dem Alltag entführt. Und für die Kleinen ist auch gesorgt. Wer mehr möchte, bekommt mehr im hauseigenen Beauty-Center: Massagen, kosmetische Anwendungen oder Beautybehandlungen, die Liste ließe sich fortsetzen. Empfehlungen geben? Unmöglich. Aber so viel sei versprochen: Wer Lust hat auf den kleinen Luxus zwischendurch, wird fündig. Garantiert.

TIPP

In der Katzentalstraße befindet sich der Märchengrund, einer der ältesten Märchenparks hierzulande.

- Hotel Romantischer Winkel – SPA & Wellness Resort, Bismarckstraße 23, 37441 Bad Sachsa, Tel. (0 55 23) 3 04-0, www.romantischer-winkel.de
- Anfahrt am besten mit dem Auto

Vegetarisch und vegan

62 Das Soup & Soul Kitchen in Goslar

Über dem Eingang prangt noch der alte Schriftzug: „Konditorei Hermann Huwald Dampfbäckerei". Schon beim Wort Dampfbäckerei läuft einem ja unweigerlich das Wasser im Munde zusammen. Geht gar nicht anders. Wer früher hier vorbeikam und in die großen Schaufenster linste, konnte sehnsuchtsvoll auf allerlei köstliche Kreationen blicken. Für einen „bunten Teller" mit lauter Naschwerk.

Bunt ist es geblieben. Bis heute. Schon draußen empfängt einen unübersehbar ein leuchtendes Orange: „Soup & Soul Kitchen". Soul – die Seele. Wer sagt denn, dass Glück nur durch den Magen gehen muss? Ist man drinnen, fragt man sich: Bin ich in einem Restaurant? Bilder von Soulgrößen hängen an der Wand und im Hintergrund umschmeichelt einen dezent ein bisschen loungige Musik. Soul. Natürlich. Dann schwere Sofas. Wie einem englischen Gentlemen's Club entnommen. Zu Tisch sitzt man nebenan. Einfach und schlicht gehalten und eher für kleinere Gruppen gedacht. Kein Schnickschnack. Warum auch? Schließlich soll das Essen überzeugen. Dabei setzt Robert Grabarek, Inhaber und Koch in Personalunion, ganz auf vegetarische und vegane Küche. Von der Vorspeise bis zum Dessert. Alles frisch und leicht. Und die Karte? Braucht man sich nicht zu merken. Denn nichts bleibt, wie es ist. Das ist hier das gelebte Credo. Und so stehen immer wieder abgewandelte oder neue Rezepte auf dem Programm. Je nach Saison oder Faible. Vor allem handgemachte Pasta.

Kochen und Kreativität, beides beginnt mit einem K. Genau wie das Wort kombinieren. Apropos kombinieren: Das geht überraschend gut beim Experimentieren mit verschiedenen Zutaten. Was in diesem Falle glücklich macht, weil immer wieder neue Geschmackserlebnisse dabei herauskommen. Das Soup & Soul Kitchen ist deshalb auch ein Ort der Überraschungen. Und die werden stets mit Fantasie und Liebe zum Detail präsentiert. Bunt natürlich, weil sich das Auge auch sattsehen will. Wie heißt doch das eigene Motto? „Soup & Soul Kitchen makes you happy." Passt!

- Soup & Soul Kitchen, Petersilienstraße 5, 38640 Goslar, Tel. (0 53 21) 7 56 33 41 www.soulkitchen.house
- ÖPNV: Bus 801, 802, 803, Haltestellen Jakobikirchhof und Pressehaus, Goslar

Das Leben ist bunt

63 Unter der Altstadtblume in Wernigerode

„Das steht in Wernigerode, da bei den Bussen!“, platzt es aus der Kleinen heraus, als sie das Foto sieht. Die Eltern müssen passen. Kinderaugen sehen mehr. Woran das wohl liegt? Die Kugeln sind auffällig. Auffällig bunt. Irgendwie erinnern sie an viele, viele bunte Smarties. Riesensmarties. In mehreren Metern Höhe schweben sie über den Köpfen der Passanten. Und sie passen zu Wernigerode, „der bunten Stadt am Harz“. Ein Slogan, der zum Markenzeichen der Stadt geworden ist. Er stammt, ganz nebenbei, übrigens vom Schriftsteller Hermann Löns. Dem hatte es Wernigerode augenscheinlich auch angetan: „Alle Städte den Harz hinauf, den Harz hinab haben ihre Schätze und Kostbarkeiten; keine aber ist so reich und so bunt wie Wernigerode.“ Eines hatte er dabei aber ganz sicher nicht im Sinn: Die Altstadtblume. Löns besuchte Wernigerode vor über 100 Jahren. Das zehn Meter hohe „Pflänzchen“ hier im Zentrum vor den Altstadtpassagen und nur wenige Meter vom historischen Marktplatz gelegen, sprießt hier seit 2009. Sieben Blütenkugeln sind es. Auch wieder so eine Zahl. Voller Symbolik. Schneewittchen teilte sich mit sieben Zwergen hinter sieben Bergen eine Wohngemeinschaft. Für viele ist sieben die Lieblingszahl zwischen eins und neun. Und warum eine Woche ausgerechnet sieben Tage hat. Egal. Aber an sieben Tagen leuchtet einem die bunte Skulptur entgegen. Und sie macht glücklich. Denn bunt macht glücklich. Farben lassen sprechen. Man muss nur zuhören, oder besser zusehen. Das geht in diesem Falle sogar bei Dunkelheit. Denn in die Blütenkugeln eingebaut sind Lampen. Energiesparend. Da wird sogar das Glück selbst nochmal ins rechte Licht gerückt. Nachts mögen zwar alle Katzen grau sein. Das Leben aber beschränkt sich nicht auf schwarz oder weiß oder die vielen Grautöne dazwischen. Vielfalt und Abwechslung. Und so geht einem beim Blick auf die Altstadtblume vielleicht selbst ein Licht auf: Das Leben bleibt bunt. Man muss nur zu sehen beginnen. Vielleicht einmal wieder mit Kinderaugen.

- Altstadtblume Wernigerode, Gustav-Petri-Straße, 38855 Wernigerode
- ÖPNV: Bus 201, 202, 203, 204, Haltestelle Rendezvous, Wernigerode

Fabelhaft

64 Die Einhorn-Skulptur in Goslar

Jeder kennt sie. Doch wirklich gesehen hat sie bislang noch niemand. Wundersame Wesen in der Gestalt eines Pferdes. Und mitten auf der Stirn das charakteristische Horn, dem sie ihren Namen verdanken: Einhörner. Zu Hause sind sie in der Welt der Fabeln. Oder vielleicht im Harz. Immerhin gibt es dort mit der Einhornhöhle bei Scharzfeld, am südwestlichen Rand des Harzes gelegen, eine der größten und zugleich beliebtesten Besucherhöhlen. Ein Naturdenkmal.

Schon vor Jahrhunderten war man dort auf Knochen und Zähne gestoßen. Überbleibsel eben jener Einhörner, wie man annahm. Und weil denen manch magische Macht zugesprochen wurde, galten solche Raritäten zu jener Zeit als begehrte Heilmittel.

Und auch andernorts kann man im Harz auf ein Einhorn stoßen. Oder zumindest auf eine Skulptur eines solchen Exemplars. Wer beispielsweise durch Goslars Rosentorstraße schlendert, die vom Bahnhof in die Innenstadt führt, entdeckt ein steinernes Exemplar in einigen Metern Höhe an einer Hauswand. Die Skulptur fällt nicht sogleich auf. Und doch beginnt es sofort im Kopf zu rattern: Warum hängt hier ein Einhorn? Wer Rätsel mag, kann sich die Antwort darauf selbst vor Ort erschließen. Ohne an dieser Stelle zu viel zu verraten: Einen Hinweis gibt eine andere Tafel an der Hauswand.

Und das Glück? Auch das schwingt mit, wenn man sich auf Einhorn-Suche begibt. Nicht nur, weil es schon einer gehörigen Portion davon bedarf, ein Einhorn aufzustöbern (eine Wiese mit lauter vierblättrigen Kleeblättern ließe sich gewiss leichter ausfindig machen!). Sondern auch deshalb, weil sich die über Jahrhunderte bestehende Faszination für diese Wesen nicht erklären lassen würde, wenn es da nicht mehr gäbe. Und das gibt es tatsächlich: Einhörner sind vor allem auch das Sinnbild für das Edle und Gute. Und Güte macht glücklich. Ein Gedanke, der einem hier quasi im Vorbeigehen in Erinnerung kommt.

● Einhorn-Skulptur in Goslar, Rosentorstr. 28A, 38640 Goslar
● ÖPNV: Bus 801 802 803, Haltestelle Jacobi Kirchhof und Pressehaus, Goslar

28A

Leidenschaft für Papeterie

65 Miteinander bei FAIRklemmt in Weddersleben

Manchmal ist es ein Detail, um dem Glück den richtigen Rahmen zu geben. Das individuelle Notizbuch etwa, um persönliche Momente einzufangen. Oder die eigens gestaltete Mappe für besondere Anlässe. Einen passenden Rahmen für all das – und manches mehr – findet man in Weddersleben bei FAIRklemmt. Hier hat ein altes Handwerk eine lange Tradition. Schon im 16. Jahrhundert schöpfte man in Weddersleben Papier. Bis heute pflegt man die Leidenschaft für dieses Material und für alles, was damit zu tun hat. Kreative Ideen mit Liebe zum Detail. Ein Ort, der nicht zuletzt Individualisten beglückt. Und das gleich in vielerlei Hinsicht.

Massenproduktion? Nö. In der Papiermanufaktur wird auf Wunsch auf besondere Bedürfnisse eingegangen. Mit Herz und Hand. Eine eigens gestaltete Mappe oder ein Notizbuch? Kein Problem. Der Renner aber: Die Klemmbinder. In vielfältigen Designs, von modern bis retro. Ob ein Blatt oder hundert Blätter. Hier hat alles seinen Halt. Sämtliche Produkte werden komplett in Handarbeit hergestellt. Von Menschen mit dem einen oder anderen Handicap. Für ein besonderes Label: FAIRklemmt, ein Projekt der Lebenshilfe. Zwar gibt es alles auch im Webshop. Aber wenn man schon mal vor Ort ist. Manches ist noch im Aufbau, wie etwa der kleine Präsentations- und Verkaufsraum, den man aufgrund der großen Nachfrage inzwischen eingerichtet hat. Wer ihn nicht auf Anhieb findet – einfach durchfragen. Dann wird man schnell auch die besondere Herzlichkeit erleben, die diesen „Glücksort" ausmacht.

Am besten verbindet man eine Stippvisite gleich mit einem Besuch des Papiermuseums. Denn auch das gibt es hier. Wenn schon, denn schon. Das Museum ist Dienstag und Donnerstag von 10.00 bis 14.00 Uhr geöffnet (nach Anmeldung). Für Gruppen und Klassen lassen sich auch Workshops zur Herstellung von Papier organisieren. Dass man hier in Weddersleben mit Leidenschaft bei der Sache ist, macht glücklich. Definitiv. Und wenn der Funke erst einmal übergesprungen ist, umso mehr. Ein Stück weit Glück zum Anfassen.

TIPP

Das Café Samocca mit Kaffeerösterei, Hostel & Hotel in Quedlinburg sind weitere Projekte der Lebenshilfe.

- FAIRklemmt, Quedlinburger Straße 2, 06502 Thale (OT Weddersleben) www.fairklemmt.de.
- ÖPNV: Bus 251, Haltestelle Angerweg, Weddersleben, oder Anfahrt mit dem Auto

Riesenhaft

66

Der Riesenbesen in Hainrode

Es gibt Orte, die können einen wirklich überraschen. Ein Ort, der zweifellos in diese Kategorie fällt, ist Hainrode an den südlichen Ausläufern des Harzes. Etwas abseits der touristischen Spots liegt er eingebettet inmitten der Gipskarstlandschaft Questenberg. In diesem Naturschutzgebiet, durch den auch der Karstwanderweg führt, zeigt sich der Harz wieder einmal von einer ganz anderen Seite. Nicht ohne Grund gilt diese Region, wo die Natur an vielen Stellen sich selbst überlassen bleibt, europaweit als geologisch einmaliger Landstrich. Und hin und wieder schimmern Gesteinsformationen hindurch, bei denen man sich beinahe an die weißen Klippen von Dover erinnert fühlt.

Mittendrin das Besenbinderdorf Hainrode. Bereits im 14. Jahrhundert erstmals urkundlich erwähnt, gehört das Dorf heute zur Gemeinde Südharz. Ein Blickfang: der Riesenbesen. Kaum zu übersehen befindet er sich direkt an der Hauptstraße, gleich neben der St.-Bartholomäus-Kirche. Errichtet wurde er 1999 zum 650-jährigen Bestehen der Gemeinde. Und das nicht ohne Grund. In Hainrode ist man bis heute der Tradition des Besenbindens verbunden.

TIPP
Es lohnt sich, die rätselhaften Queste im benachbarten Questenberg zu besuchen.

Allein der Stiel misst etwas mehr als 3 Meter, der gesamte Besen fast 6,5 Meter. Es heißt, 45 Meter Draht seien verarbeitet worden. Das Reisig selbst hätte für rund zwei Dutzend „normale" Besen gereicht. Wer näher in das Besenbinden eintauchen möchte, hat dazu ebenfalls Gelegenheit. Immer wieder kann man den Profis über die Schulter schauen. Und auch ansonsten wird Handwerk an diesem Ort großgeschrieben. Ein Blick in eine Schuh- oder Uhrmacherwerkstatt gefällig? Oder beim Schmieden von hartem Metall oder auch filigranem Gold zusehen? In Hainrode ist man in vielfältiger Weise engagiert, handwerkliche Bräuche lebendig zu halten.

Übrigens, im übertragenen Sinne eignen sich Besen auch ganz hervorragend für mehr Glück im Leben: Altlasten wegkehren und so Platz für freudige Ereignisse schaffen. Wie heißt es doch? Fegen bringt Segen!

● Hainröder Riesenbesen, Hainröder Hauptstraße 64-66, 06528 Südharz

Glück Auf!
Zur Erinnerung
an den Altbergbau in Hainrode

Farbspiele des Sommers

67 Unterwegs zwischen Rapsblüten und Klatschmohn

Auch wenn das Glück vielleicht nicht ewig währt. Wer sagt denn, dass sich glückliche Momente nicht wiederholen können? Sogar alle Jahre wieder. Und wem dabei als erstes Weihnachten einfällt, es geht auch zu anderen Zeiten. Dann, wenn der Sommer seine Vorboten vorausschickt. Dem Kalender nach ist zwar noch Frühling. Doch wer jetzt im Harz unterwegs ist, sieht sie schon: Eine knallgelbe Pracht, der man sich nicht entziehen kann. Einzigartige Blütenmeere, die sich manchmal erst im Horizont zu verlieren scheinen. Raps soweit das Auge reicht. Bis zu 200 Knospen besitzt jede Pflanze. Millionen Muntermacher für die Augen. Pure Lebensfreude im satten Gelb. Und eine Bühne für so manches Schauspiel: Dann, wenn der Wind die Wolken vor sich herschiebt und Sonne und Schatten abwechselnd als Helden die Bühne betreten. Wenn es gerade passt, kurz anhalten und den Duft genießen. Solange der Zauber noch wirkt. Betörend. Nach wenigen Wochen ist alles auch schon wieder vorbei. Schlimm? I wo! Warum auch? „Farben sind das Lächeln der Natur und Blumen sind ihr Lachen", formulierte einmal der englische Schriftsteller James Henry Leigh Hunt. Und das Farbspiel geht ja weiter. Anders nun, aber doch typisch für den Harz. Das Rot übernimmt die Regie. Am Rande von Feldwegen und Äckern verleiht der Klatschmohn der Landschaft gleich einen ganz anderen Charakter. Manchmal als weite Fläche, manchmal bloß als vereinzelte Tupfer. Der Klatschmohn ist ein Individualist. Aber einer, auf den man achten sollte. Denn wo sich das Klatschmohnrot zeigt, da sind andere Wildblumen oft nicht weit. Die Blumen mit ihren hauchdünnen Blüten, die eher an kleine Kunstwerke aus japanischem Seidenpapier erinnern, fühlen sich in guter Gesellschaft wohl. Apropos Japan: In der japanischen Blumensprache, „Hanakotoba" genannt, steht die Mohnblume auch für die Lebenslust. Und so kann das Farbspiel richtig Fahrt aufnehmen und jedem Gefühlsblues den Garaus machen.

- Raps und Mohn findet man überall im Harz, beispielsweise auf Nebenstrecken zwischen Wernigerode und Quedlinburg
- Am besten mit dem Fahrrad oder wandernd erkunden

Ein Abendspaziergang

68

Am Forellenteich in Ilsenburg

Machen wir uns auf. Ein kleiner Spaziergang am Forellenteich in Ilsenburg. Vorzugsweise in den Abendstunden. Dann, wenn die Sonne sich langsam verabschiedet, kann ein gelungener Tag ausklingen. Ein bisschen Seelenpflege. Startpunkt? Heute mal der Friedenspark in Ilsenburg. Vielleicht am unteren Abschnitt der Wasserkaskaden. Während das Wasser die Kaskaden hinabfließt, spaziert man hinauf. Langsam, nur keine Eile. Am Ende fällt ein Quader auf: Eine Würfelsonnenuhr. Ach ja, die Zeit. In diesem Moment nicht wirklich wichtig.

Der Blick wechselt hinüber auf die andere Straßenseite zum Forellenteich. Kurz überlegt: Geradeaus weiter in den Park? Wäre vielleicht auch ganz schön. Aber nicht jetzt. Lieber am Teich vorbei, Richtung Marktplatz. Und plötzlich stellt sich der Gedanke ein: Nein, es muss nicht immer eine mit Palmen gesäumte Strandpromenade sein. Ilsenburg macht es einem aber auch wirklich leicht. Idyllische Flecken gibt es im Harz viele. Aber wohl kein Ort hat so einen mitten in der Stadt. Was vor allem jetzt auffällt, wo es etwas ruhiger ist. Das kann auch anders sein. Im Sommer etwa, beim Forellenfest. Dann ist hier Remmidemmi angesagt.

Gemächlich geht es weiter. Ein kurzer Halt zwischendurch, damit der Blick immer wieder mal über das Wasser schweifen kann. Dahinter der Harz. Einige Enten kommen näher. Die wissen schon warum. Vielleicht auch die Schwäne. Irgendwann ist man angekommen am Marktplatz. Ein Fachwerkhaus sticht hervor. Drinnen eine Apotheke. Und wer genauer hinsieht: Links und rechts neben dem Eingang ein kleiner Kräutergarten. So anschaulich kann Lebenskunde sein. Noch einmal zurück zum Marktplatz, ein paar Stufen hinunter zum Teich. Und wieder geht der Blick über das Wasser. Man kann sich gar nicht sattsehen. Dann bleibt das Auge hängen: Links das Hotel „Zu den Roten Forellen", der Steg, zwei Boote und eine plötzliche Idee: Jetzt mit einem Boot raus. Was würde man nicht dafür geben. Ja, was eigentlich? Vielleicht nur eine Frage. Fragen kosten nichts …

TIPP

Für das Nachmittagspäuschen: Ein schöner Innenhof samt Eiscafé findet sich in der Nähe der Marienhöferstraße.

- Forellenteich, Marktplatz, 38871 Ilsenburg
- ÖPNV: Zug, Haltestelle Bahnhof, Ilsenburg (vom Bahnhof aus ca. 15 Minuten Fußweg), Bus 270, 274, Haltestelle Harzburger Straße, Ilsenburg

Rätselhaft

69 Auf dem Naturmythenpfad bei Braunlage

Was wäre der Harz ohne seine vielen Sagen, Märchen, Legenden und ohne die Mythen? Manchmal schön, manchmal schaurig und manchmal einfach schaurig schön. Als Erzählungen oder als Lesefutter. Vielleicht im Herbst oder Winter vor einem knisternden Kaminfeuer. Wenn es draußen langsam zu dämmern beginnt. Dann kann man hineinsinken und sich forttragen lassen in vergangene Zeiten und verwunschene Welten. Oder auch hinaustreten und sich auf eine Entdeckungsreise der anderen Art begeben. Direkt hinein in die Natur, die Mythen einmal auf sich wirken lassen. So wie auf den Naturmythenpfad in Braunlage.

Aus dem Augenwinkel sieht man sie nur angedeutet als Figuren. Wölfe. Der „Weg der Wölfe", nur eine von mehreren Stationen. Sichtbar aber auch: Der Wald wandelt sich. Einige Baumbestände fehlen inzwischen. Und dennoch lässt sich den Mysterien von Bäumen nachspüren, den Geheimnissen des Wassers auf den Grund gehen und die Kraft der Natur entdecken. Und Fragen nachgehen, die die Menschen seit jeher bewegen: Woher kommen und wohin gehen wir? Aber sich bei alledem nicht verlieren. Wie im Labyrinth. Aber keine Sorge. Mit ein paar Sprüngen ist man wieder raus.

Jede Station beflügelt auf ihre Weise die Fantasie. Eine Einladung zum Pausieren und Innehalten, zum Stöbern und Entdecken, zum Ausprobieren und Mitmachen. Egal ob Groß oder Klein. Und was es mit der „Waldbibliothek" auf sich hat? Selbst herausfinden. So wie beim Glück. Auch das ist etwas, das nur jeder für sich selbst entdecken kann. Oder ist das Glück womöglich selbst bloß ein Mythos? Gedanken, denen man so nachhängen kann auf dem Naturmythenpfad, der damit auch eine Entdeckungsreise zu sich selbst bietet. Er kostet nichts und ist immer geöffnet. Wann man sich aufmachen sollte? Die einfache Antwort: Für den Naturmythenpfad ist immer Zeit. In den frühen Morgenstunden ebenso wie am Abend. Bei Sonnenschein ebenso wie im Regen. Oder einmal im Nebel, wenn die Atmosphäre selbst geheimnisvoll und mythisch ist.

● Naturmythenpfad, Von-Langen-Straße, 38700 Braunlage
● Anfahrt mit dem Auto, vom Nationalpark-Wandertreff an der DJH Jugendherberge nur wenige Gehminuten zum Naturmythenpfad

Urgewaltig

70 Bei der Bisonherde in Stangerode

Irgendwann dringt sie einem ins Ohr. Nicht sogleich. Man muss sich erst ein bisschen daran gewöhnen. Ganz unmerklich nimmt sie dann immer mehr zu: die Stille. Wie unglaublich ruhig es ist. Was erst durch den Kontrast wirklich auffällt, ein gelegentliches … ja, was eigentlich? Irgendwie ein Schnauben. Dabei ist man vielleicht gerade einmal einige hundert Meter gelaufen. Von Stangerode aus, vorbei am Reit- und Sporthotel Nordmann. Mehrere ausgeschilderte Rundwanderwege führen von dort in den Natur- und Geopark Harz. So wie die Wisentroute, mit ihren 5 Kilometern einer der kürzeren Wege. Locker geht es auf den gut ausgebauten Wegen voran. Ein Spaziergang, der auch landschaftlich einen Kontrast zu manch anderen Landstrichen im Harz bietet. Statt dichter Wälder wiesenbewachsene Hügel und Täler, die sich abwechseln. Natur pur.

Mit etwas Glück weiß man dann auch mit einem Mal, woher das Schnauben kommt. Wisente! In freier Wildbahn ist der europäische Bison fast gar nicht mehr anzutreffen. Eine vom Aussterben bedrohte Tierart. Doch gezielte Programme lassen glücklicherweise wieder Hoffnung aufkommen. So wie hier in Stangerode, wo Europas größte Bisonherde heimisch ist. Was würde uns fehlen, wenn es solche imposanten Geschöpfe nicht mehr gäbe? Das erfährt, wer sich Zeit nimmt. Und einfach beobachtet. Was für ein Panorama, wenn die Herde in einiger Entfernung grast. Was für ein Schauspiel, wenn sie geschlossen über das weitläufige Areal zieht. Was für ein Moment, wenn sich ein Bison vielleicht sogar ganz in der Nähe im Sand wälzt und dabei im aufgewirbelten Staub wie in einem Nebel versinkt. Eine Urkraft, die beeindruckt und gerade deshalb glücklich macht.

Rundwege, wie die Wisentroute, führen um den Wildpark Nordmann herum und sind kostenlos. Möglich ist auch ein Besuch des Wildparks selbst mit weiteren heimischen und fremden Wildarten. Eintrittskarten gibt es am Automaten am Hotelparkplatz oder an der Hotelrezeption.

TIPP
Das Hotel Nordmann, Deistraße 23, bietet auch eine geführte Tour mit dem Safaribus an.

- Wisentroute, 06543 Stangerode
- Anfahrt am besten mit dem Auto, Parkplätze kostenpflichtig

Ein heißes Eisen

71 Die Atelierschmiede Harz in Wernigerode

Das Handwerk, es hat den Harz durch die Jahrhunderte getragen. Bodenständig halt. Und doch manchmal auf dem Rückzug. Umso schöner, dass man an einigen Orten traditionelle Handwerkskultur noch zu bewahren weiß. In der Atelierschmiede etwa. Ehemals in der Krellschen Schmiede von 1678 inmitten der Stadt ansässig, befindet sie sich jetzt in Bahnhofsnähe in der Feldstraße. Hier wird noch nach guter alter Tradition geschmiedet. Dass man auch unter Glücksgesichtspunkten hier nicht ganz falsch ist, zeigen schon einige Glücksbringer, die sich ebenfalls finden.

Einmal dem Meister bei seiner Arbeit über die Schulter geschaut. Wenn Wolf-Dieter Wittig den Hammer mit gekonnten Schlägen auf den Amboss heruntersausen lässt, wird man staunen, wie das glühende Stück Eisen nach und nach eine neue Gestalt annimmt. Jedes Stück ein Unikat. Nichts von der Stange. In Schmiedekursen gibt Wittig sein Handwerk auch weiter. Mal selbst von Hand werken? Da bekommt das Sprichwort, wonach jeder seines eigenen Glückes Schmied ist, mal eine handfeste Bedeutung. Im Angebot: Herzen-Schmieden für Pärchen beispielsweise oder Hochzeitsschmieden. Ob Anfänger oder Fortgeschrittene, ob allein oder zusammen mit der ganzen Familie. Einfach vorbeischauen. Eine Anmeldung ist empfehlenswert. Manchmal geht es aber auch spontan. Wenn man Glück hat. Dann kann man es beispielsweise auch mit einem Hufeisen versuchen. Ein zeitloses Glückssymbol. Allerdings nur, wenn man eines findet. Dann stellt sich noch die Frage: Wie ist denn ein solcher Glücksbringer eigentlich aufzuhängen? Beides geht: Mit der Öffnung nach unten kann das Glück herausfließen. Mit der Öffnung nach oben lässt sich das Glück einfangen. Oder man macht es wie der Profi und richtet die Öffnung des Hufeisens in die Richtung aus, aus der man das Glück erwartet.

- Atelierschmiede Harz, Feldstraße 12, 38855 Wernigerode, Tel. (0 39 43) 55 73 73 www.atelierschmiede.de
- ÖPNV: Zug, Haltestelle Bahnhof, Wernigerode, Fußweg 5 Minuten

Auf Du und Du

72 Kunst am Feldweg bei Vienenburg

Wer die Kunstinstallation „Begegnung“ finden will, braucht selbst schon etwas Glück. Denn so ganz leicht ausmachen lässt sie sich nicht. Kurz hinter Vienenburg führt die Osterwiecker Straße Richtung Lüttgenrode. An der Gaststätte „Weißes Roß“ biegt man in die Alte Heerstraße ab und folgt ihr dann für ein paar hundert Meter immer geradeaus. Da steht sie dann am Feldrand. Manchen erscheint sie überraschend klein, viel kleiner, als man sie sich vielleicht vorgestellt hat. Aber wie so vieles ist ja alles Ansichtssache. Ist ein Glas halb voll oder halb leer?

Dass die Installation hier zu finden ist, hat natürlich einen Grund. Ehemals verlief hier die innerdeutsche Grenze. Symbolisiert durch den Riss im Betonquader. Heute ist vom früheren Grenzverlauf nichts mehr sichtbar. Stattdessen durchzieht mit dem „Grünen Band“ ein Naturschutzprojekt das Gebiet. Auch eine Lektion in Sachen Glück. Dinge können sich entwickeln. Auch zum Glücklichen hin.

Auf dem Quader kleine Figuren aus Bronze, die sich gegenüberstehen. Mal die Hände in den Taschen, mal eine Zigarette in der Hand oder ein Kind auf dem Arm. „Begegnung“ haben die Künstler Detlef Kiep, Anna Kölle und Nicole Mentner ihre Installation genannt. Ein Gedanke dabei: Sich über Fragen von Grenzen zu verständigen, erfolgt immer auf der persönlichen Ebene. Sich abzugrenzen, sich zu begrenzen, Grenzen zu ziehen oder Grenzen zu überschreiten. Genau das kann ja auch ein Schlüssel sein zum persönlichen Glück. Wie auch Begegnungen selbst. Meist sind es gemeinsam verbrachte Momente, die in Erinnerung bleiben und die unsere Lebenszufriedenheit steigern. Und damit glücklich machen. Im Alltag geht das viel zu oft unter. Umso wichtiger, sich all das immer wieder bewusst zu machen. Gerade in der heutigen Zeit. So gesehen kann auch eine Kunstinstallation an einem Feldweg zu einem unerwarteten Glücksort werden.

- Kunstinstallation „Begegnung“, Alte Heerstraße, 38690 Vienenburg
- Anfahrt am besten mit dem Auto

Vom Glück des Gebens

73 Der Bücherbaum am Plumbohms in Bad Harzburg

„Schon wieder weg", Dagmar Gude freut sich. Gerade gestern hatte sie noch ein Buch hineingelegt. Einen Hunderatgeber. Regelmäßig kommt sie hier am Bücherbaum in Bad Harzburg vorbei. Und meist hat sie einige Bücher im Gepäck. Daheim nehmen sie eh zu viel Platz weg. Und wenn sich andere darüber freuen, umso besser. Also bringt sie sie hierher. Und entlässt die Bücher in die Freiheit.

Immer wieder mal werfen Passanten einen Blick hinein. Der Bücherbaum weckt Interesse. Und manchmal geht ein Buch tatsächlich auf die Reise. Die Idee: Man darf sich bedienen. Sollte aber auch etwas dalassen. Nehmen und geben. Damit die Lesefrüchte nicht ausgehen. Ob hier in Bad Harzburg im Bücherbaum oder im gläsernen Bücherschrank wie in Goslar. Ähnliches gibt es im Harz auch in Clausthal-Zellerfeld, Seesen oder Bad Sachsa. Und es ist stets geöffnet, jeden Tag in der Woche, rund um die Uhr. Das Besondere am Bücherbaum hier ist der Standort, vis-à-vis vom Plumbohms. An dessen Fassade aufgemalte Worte wie „Katzentisch", „madderich" oder „Bonje". Ein ungewöhnliches Wortmuseum für fast vergessene Wörter. Allein das lässt einen verweilen. Und macht für sich genommen schon glücklich. Wer mehr wissen möchte: Reingehen. Drinnen gibt es einen Flyer mit noch mehr fast vergessenen Wörtern samt Erklärungen.

Zugegeben, wer im Bücherbaum stöbert, muss schon Glück haben, zwischen Konsalik und Simmel eine passende Entdeckung zu machen. Aber manchmal gelingt es. Oder man hilft dem Glück etwas auf die Sprünge. So wie Dagmar Gude. Der Bücherschrank ist ihr Glücksort, weil sie gibt. Geben zu können macht erwiesenermaßen glücklich. Wer es ausprobieren will, sollte nur solche Bücher einstellen, die man auch selbst gerne lesen würde. Dann stehen die Chancen gar nicht so schlecht, dass auch jemand anders damit glücklich wird. Wie sagte es Albert Schweitzer? „Das Glück ist das Einzige, das sich verdoppelt, wenn man es teilt."

- Bücherbaum, Herzog-Wilhelm-Straße 97, 38667 Bad Harzburg
- ÖPNV: Bus 866, 873, Haltestelle Papenbergstraße, Bad Harzburg, Bus 810, 820, 821, 866, 871, 873, 875, Haltestelle Berliner Platz, Bad Harzburg

Eis, Eis Baby

74 Unter Ziegen in Sophienhof

Das Glück zeigt sich in vielen Formen. Wege dorthin? Ungezählte! Gleich mehrere davon führen nach Sophienhof. Nach, nicht zum. Denn Sophienhof ist kein Gehöft, sondern ein kleines Harzer Bergdorf. Ein Ort, um sich mal zurückzuziehen. Idyllisch und ruhig gelegen, fernab von verkehrsbelasteten Durchgangsstraßen. Ein Eldorado, vor allem für Wanderer, denn hier kreuzen sich gleich mehrere Wanderwege. Dabei kommt Sophienhof gerade einmal auf knapp 50 Einwohner. Dafür gibt es umso mehr Ziegen. Würde man die Augen schließen, den Weg zur Ziegenalm fände man auch so. Einfach dem Läuten der Glocken nach. Von den Ziegen, nicht etwa von den Kirchen.

Kaum eine Tierart ist mit dem Menschen seit Jahrtausenden so eng verbunden wie die Ziege. Clevere und neugierige Kerlchen, die auch mal für eine Überraschung gut sind. Und gesellig obendrein. Ziegen kommen mit vielen anderen Tieren gut aus. Hunde einmal ausgenommen. Weshalb die Harzer Bergziegen und einige weiße Edelziegen hier dem Gespann der Border Collies respektvoll begegnen.

In erster Linie ist die Ziegenalm ein landwirtschaftlicher Betrieb und verarbeitet daher auch die Erzeugnisse. Vor allem die Milch. Aus dieser wird in der hauseigenen Käserei vor allem Käse gemacht. Der ist beispielsweise im Hofladen zu bekommen. Oder direkt in der Almstube zu genießen. Aber zum Glück verwandelt sich nicht sämtliche Milch in Käse. So bleibt noch etwas übrig. Für Eis-Leckereien beispielsweise. Ziegenmilcheis in ausgewählten Geschmackssorten. Sanddorn etwa. Und natürlich Schokolade. In jedem Falle ein Schmaus. Heute ist es ein Bananensplit. Oder besser ein Bananen-Sahne-Split. Vielleicht auch ein Sahne-Bananen-Split. Denn mit der Sahne meint man es gut. Klar kann man auch darauf verzichten. Ach was! Heute nicht. Ein glückscremiger Wellnessgenuss. Jedenfalls für die Seele.

TIPP

Die Dampfloks der Harzquerbahn halten sogar in Sophienhof. Von dort nur gut zehn Minuten zu Fuß.

- Ziegenalm Sophienhof, Dorfstraße 44, 99768 Harztor, Tel. (03 63 31) 4 82 35
  www.ziegenalm.de
- ÖPNV: Harzerquerbahn, Bedarfshaltestelle Sophienhof

Stöbern erwünscht

75 Im GlücksCafé/GlücksPilz in Osterode am Harz

Manchmal macht's die Mischung, verleiht der richtige Mix allem den gewissen Pfiff. Wie im GlücksCafé/GlücksPilz. So heißt die kleine Wohlfühloase etwas am Rande von Osterode am Harz. Mit gerade einmal 20 eröffnete die junge Konditorin Jana Schneider hier ihr eigenes kleines Dorfcafé. Das war einmal um die Ecke. Jetzt hat sich ein neues Domizil gefunden. Und gleich beim Eintreten merkt man, nein, das hier ist kein gewöhnliches Café. Da hat augenscheinlich jemand auch ein Faible für die kleinen schönen Dinge. Und ein entsprechendes Händchen dafür. Alles ist mit viel Liebe zum Detail dekoriert. Sogleich stellt sich der Wohlfühlfaktor ein. Was nicht weiter verwundert. Wie gesagt: die Mischung macht's. Und das bedeutet hier: Café trifft auf Patchwork und Deko. Denn im GlücksCafé gibt's auch den GlücksPilz – oder umgekehrt im GlücksPilz das GlücksCafé. Ganz wie man will. All-in-one gewissermaßen. Eine fabelhafte Ergänzung und ein stimmiges Konzept. So wie das dahinterstehende Gespann: Tochter und Mutter. Eine familiäre Atmosphäre, die sich sogleich überträgt. Und so ist man schnell hin- und hergerissen zwischen Leckereien, schönem Geschirr, toller Dekoration und über 700 Patchworkstoffen. Stöbern ausdrücklich erwünscht. Ein besonders heimeliger Blickfang in etwas trüben Tagen: der Ofen. Das erhellt die Seele. Wahrlich stimmungsvoll. Und wann schaut man am besten vorbei? Zum Frühstück. Denn das gibt's im GlücksCafé. Hier können sich Frühaufsteher und Langschläfer verwöhnen lassen. Und das immer am Dienstag und Mittwoch sowie Freitag und Samstag zwischen 9:00 und 12.00 Uhr. Oder nachmittags. Da locken leckere hausgemachte belgische Waffeln, an drei Tagen die Woche, immer Dienstag, Donnerstag und Freitag zwischen 15.00 und 18.00 Uhr. Eine hausgemachte Welt, nicht nur für kaffeeverwöhnte Glückspilze.

- GlücksCafé/GlücksPilz, Lasfeder Straße 87, 37520 Osterode am Harz, Tel. (0 55 22) 5 05 46 61
- ÖPNV: Bus 460, Haltestelle Lasfelde Am Wellbeek/Sporteck, Osterode

LIVING

Auf zum Rummelplatz

76 Rund um den Hexentanzplatz in Thale

Wo manche ihr Glück finden, würden andere nicht einmal im Traum danach suchen. Was auch nicht weiter verwundert. Glücksorte sind individuell. Ein solcher Ort: Der Hexentanzplatz in Thale. Hoch über dem Bodetal gelegen. In alter Zeit soll sich hier bereits eine Kultstätte befunden haben. Was man angesichts der Sagen und Mythen, die sich um den Hexentanzplatz drehen, sofort unterschreiben würde. Man hat ihn entweder gern oder man hat ihn gefressen. Für die einen ein tolles Ausflugsziel für die Familie, für die anderen nur Schaubuden, Souvenirs und Rummel. Aber wer will schon ständig in Schwarz-Weiß denken? Schließlich kann auch Zuckerwatte mal munden. Und so kann jeder auch hier kleine Oasen des Glücks finden. Vielleicht dann, wenn man mal die Perspektiven ändert. Ein paar Vorschläge gefällig? Da stellt sich schon die erste Frage: Wie hinaufkommen, auf den Hexentanzplatz? Mit dem Auto? Langweilig. Schon etwas besser: Über die Wanderwege. Oder mit der Seilbahn. Von Thale aus fährt den größten Teil des Jahres die Bodetal-Seilbahn hinauf. Das ist vor allem dann spektakulär, wenn man Glück hat und eine der hellgrünen Gondeln erwischt, die einen fantastischen Blick durch den gläsernen Boden in die Tiefe erlauben. Im Repertoire haben sollten den Hexentanzplatz auch die Fans von Konzerten, Theaterstücken oder anderen Open-Air-Veranstaltungen. Stichwort hier: Harzer Bergtheater. Den Spielplan findet man im Internet. Oder: Wer auf wehende Haare steht, wird verwegen im Harzbob Platz nehmen. Allein oder auch zu zweit. Dann geht es kurvenreich hinunter durch das Bodetal. Gemächlich vielleicht oder, wenn man mag, auch etwas schneller. Wie schnell, kann jeder selbst bestimmen. Und hat man das Ziel erreicht, kann man sich ganz entspannt wieder zum Startpunkt hinaufziehen lassen. Und wem der Hexentanzplatz doch zu rummelig ist: In den Abendstunden, dann, wenn sich Ruhe über alles gelegt hat, kann man beim Blick auf die Rosstrappe wunderbar Weite erfahren und mit etwas Glück sogar Stille genießen.

- Hexentanzplatz, 06502 Thale
- Anfahrt mit der Bode-Seilbahn von Thale aus oder mit dem Auto (Parkplatz kostenpflichtig)

Karibisches Feeling

77 Anjas Tanzstudio in Quedlinburg

Ausgelassen sein, loslassen können, frei werden im Kopf – wobei ginge das besser als beim Tanz. Und wenn der auch noch der Inbegriff von Lebensfreude, Spaß und auch von Glück ist, dann sowieso. Ein richtig heißer Tanz. Oder scharf. So wie die Salsa Cubana. Lateinamerikanische Rhythmen, ein Hauch von Sinnlichkeit und Erotik und karibisches Feeling garantiert. Salsa ist ein mitreißender Mix im Viervierteltakt, der in die Beine geht und ansteckend ist. Kein Wunder bei so viel positiver Strahlkraft. Ein geselliger Kontrapunkt zum Alltag. Und wer so ein Urlaubsflair nicht im Harz vermuten würde, sollte sich nach Quedlinburg aufmachen. Anjas Tanzstudio bietet dafür genau die richtige Adresse. Wer meint, ein Tanzmuffel zu sein: Ausreden gibt es nicht. Selbst wenn die verblassten Erinnerungen an den Tanzkurs, den man vor langer, langer Zeit einmal ausprobiert hat, noch im Hinterköpfchen spuken sollten. Einfach abschütteln und rauf aufs Parkett. Für Neu- oder Wiedereinsteiger: Ein bisschen Koordination ist gefragt, doch die ersten Schritte gelingen schnell. Nicht nur beim Salsa, sondern auch bei Bachata, Merengue oder anderen Tänzen voller Lebensfreude. Voraussetzungen: Vor allem Spaß. Alles andere kommt von selbst. Ob Privatstunden, Workshops oder regelmäßig freitags stattfindende Salsa-Abende – das Angebot ist breit gefächert. Einfach mal reinschnuppern.
Sich bewegen, den eigenen Gefühlen Ausdruck vermitteln, dabei trotzdem entspannen und obendrein noch etwas für die Fitness tun. Das gelingt wohl fast nirgendwo einfacher und leichter als beim Tanzen. Vor allem, wenn dabei noch ein bisschen Urlaubsstimmung aufkommt. Ein Dopaminschub und Balsam für die Seele. Es ist nie zu spät, damit anzufangen. Und am Ende des Tages hat sich vielleicht sogar ein bisschen die Lebenseinstellung verändert. Tanzen ist Selbstbewusstsein. Tanzen ist Leben. Tanzen ist Glück.

● Anjas Tanzstudio, Neuer Weg 22–23, 06484 Quedlinburg
www.anjas-tanzstudio.de
● ÖPNV: Zug, Haltestelle Bahnhof Quedlinburg (von dort sind es wenige Minuten zu Fuß), Bus 230, Haltestelle Neuer Weg, Quedlinburg oder aber mit dem Auto (Parkplätze vor Ort)

Unter Volldampf

78 Im Wagon der Harzer Schmalspurbahn

Thomas Edmondson (1792–1851) war ein Revolutionär. Zumindest was das Fahren mit der Eisenbahn betraf. Seine Erfindung: Die Edmondsonsche Fahrkarte. Eine kleine Fahrkarte aus einfachem Karton, die aber das Zeug dazu hatte, das bis dahin verbreitete System auf völlig neue Beine zu stellen. Hierzulande fand man diese Fahrkarten, die noch mit der Zange abgeknipst wurden, bis in die 1980er-Jahre hinein, bevor sie etwas sang- und klanglos von der Bildfläche verschwanden. Ganz? Nein, nicht ganz. Vereinzelt gibt es diese Erinnerung an Kindheitstage noch. Richtige Fahrkarten. Keine aus dem Automaten. Etwa bei der Harzer Schmalspurbahn.

Schnaubend setzen sich Tonnen von Stahl in Bewegung. Erst langsam, dann immer schneller nimmt die Lokomotive Fahrt auf. Die einen mögen an Jim Knopf und Lukas den Lokomotivführer mit seiner Wilden 13 denken, andere an den Orient-Express oder die legendäre Transsib. Mit der Eisenbahn unterwegs zu sein, hatte ja schon immer seinen Reiz. Hier im Harz kann man sich dabei noch auf eines der wenigen noch möglichen Dampfabenteuer begeben. Nostalgie pur. Obwohl die HSB keine Museumsbahn ist. Über 140 Kilometer umfasst das Streckennetz mit regulärem Schienenverkehr. Zwischen Nordhausen und Wernigerode, durch das Selketal hindurch oder zum Brocken hinauf sind Dampflegenden unterwegs. Da lässt sich der Harz im wahrsten Sinne des Wortes auf ganz eigene Art „erfahren".

Einsteigen und Platz nehmen. Und einfach mal runterkommen. Ist man mit dem Kopf auch dort, wo der Körper ist? Während die Lok langsam beschleunigt und die Landschaft an einem vorbeizieht, lässt sich wunderbar innehalten. Entschleunigung kann so einfach sein. Sanfte Mobilität. Das Ziel? Wird schon irgendwann kommen. Jetzt erst einmal den Moment wahrnehmen. Neue Eindrücke sammeln. Die Kraft der Lokomotive in eigene Energie verwandeln. Und die Fahrkarte in der Hand spüren. In diesem Moment sogar ein persönliches Glückssymbol mit Erinnerungswert.

● Harzer Schmalspurbahnen, Tel. (0 39 43) 5 58-0
www.hsb-wr.de

99 7239-9

Unterm Walnussbaum

79

In der Roseburg in Ballenstedt

Potsdam hat sein Sanssouci, Versailles das Schloss des Sonnenkönigs und das Allgäu hat Neuschwanstein. Und der Harz? Der hat die Roseburg. Die kann es zwar von der Größe her nicht mit den anderen aufnehmen. Märchenhaft ist sie aber allemal.

Nicht, dass es an Burgen und Schlössern im Harz mangeln würde. Mitnichten. Mehr als 500 soll es über die Jahrhunderte gegeben haben. Aber die Roseburg am Rand des Harzes ragt heraus. Unter all den historischen Gemäuern, deren Geschichte sich oft über die Jahrhunderte zurückverfolgen lässt, ist sie wohl das jüngste. Mit etwas mehr als einhundert Jahren geradezu erfrischend jugendlich. Und schon so gesehen ein Unikum. Darüber hinaus auch kurios. Oder exzentrisch – ganz wie man will.

TIPP

Sehenswert und historisch bedeutsamer ist die nicht weit entfernte Burg Falkenstein.

Zwar war auch früher hier schon eine Burg bekannt. Die scheint dann aber irgendwann verschwunden zu sein. Zu Beginn des 20. Jahrhunderts erwarb der Architekt Bernhard Sehring (1855–1941) das Areal. Dort errichtete er für sich und seine Familie einen Sommersitz. Ganz Freigeist, wie er war, gestaltete er hier sein eigenes Kleinod der Glückseligkeit. Etwas aus der Art geschlagen kommt die Anlage daher. Ein bisschen Mittelalter gewürzt mit einer Spur Italien und garniert mit etwas England. Eine Zeit- und Länderreise im Spazierengehen. Stilpuristen mögen einwenden, das sei nichts Halbes und nichts Ganzes. Genauso gut kann man auch sagen: Aus allem das Beste. Der ideale Flecken, um die Seele baumeln zu lassen. Man könnte Stunden in verwunschenen Nischen verweilen oder die Aussichten auf die Region genießen.

Das Innere des Schlosses lässt sich zwar nicht besichtigen. Aber die weitläufige, märchenhafte Parkanlage wartet nur darauf, erkundet zu werden. Und manchmal sind es auch hier die Kleinigkeiten. Ein Tipp ist der riesige Walnussbaum gleich in der Mitte. Manchmal lässt er schon im Sommer Früchte herabfallen. Einfach mal aufheben, die Augen schließen, an dem grünen Fruchtfleisch schnuppern und sich bei dem zitronigen Duft in südliche Gefilde versetzt fühlen. Wunderbar.

- Roseburg, 06493 Ballenstedt (OT Rieder)
  www.roseburg-harz.de
- ÖPNV: Bus 240, 243, Haltestelle Roseburg, Ballenstedt

Der Höchste im Harz

80 Auf dem Brocken

Nein, an ihm kommt man im Harz nicht vorbei: der Brocken. Immer wieder schiebt sich der Höchste im Harz ins Blickfeld. Zunächst ein paar Fakten: Der nördlichste Eintausender Deutschlands misst exakt 1141,2 Meter über Normalhöhennull. Damit überragt er alles um sich herum. Erst der über 200 Kilometer entfernte Fichtelberg im Erzgebirge ist 73,59 Meter höher.

Ein bisschen karg wirkt der Brocken. Der Gipfel liegt ja auch oberhalb der Baumwuchsgrenze. Und dennoch ist er ein Lebensraum seltener Arten in Flora und Fauna. Denen können auch unkalkulierbare Wetterkapriolen nicht viel anhaben. Hier kann nämlich durchaus ein ordentliches Windchen über die abgerundete Bergkuppe fegen. Selbst im Sommer kann es kühl sein. Besser man hat eine warme Wolle dabei.

Dass Heinrich Heine anlässlich einer Brockenbesteigung festgestellt haben soll „Viele Steine, müde Beine, Aussicht keine", ist zwar eine Legende. Passen könnte das aber durchaus. Bisweilen zeigt sich der Brocken als ein nebelverhangener und irgendwie unwirklicher Ort. Und trotzdem (oder gerade deshalb?) ist er der Glücksort par excellence.

Wo beginnen? Ist es der Ausblick, der tatsächlich atemberaubend sein kann? Oder ist es der Lohn der Anstrengung, den Brocken (vielleicht ein weiteres Mal) erobert zu haben? Sei es nun per pedes oder mit dem Rad? Goethe wanderte gleich dreimal hinauf, der als „Brocken-Benno" bekannte Rekordwanderer Benno Schmidt sogar über achttausend Mal. (Mit dem Auto geht es übrigens nicht; alternativ bliebe noch die Bahn). Oder ist es einfach die Erfüllung einer Sehnsucht? Den Brocken stets nur aus der Ferne betrachten? Keine Lösung. Und so zieht es einen fast magisch hinauf auf den sagenumwobenen Blocksberg. Oder ist es noch etwas ganz anderes? Vielleicht die Magie? Sie bleibt. Doch sie zeigt sich erst später. Wenn man wieder unten ist. Auf dem Brocken zu sein kann glücklich machen. Dort gewesen zu sein aber noch glücklicher. Ist man wieder unten, hat sich auf jeden Fall der Blick verändert.

- Brocken, 38879 Schierke
- Wanderung auf den Brocken oder mit der Brockenbahn

Bibliografische Informationen der Deutschen Nationalbibliothek
Die Deutsche Nationalbibliothek verzeichnet diese Publikation in der Deutschen Nationalbibliografie; detaillierte bibliografische Daten sind im Internet über http://dnb.d-nb.de abrufbar.

4. Auflage 2023
Konzeption/Satz: Droste Verlag, Düsseldorf
Einbandgestaltung und Illustrationen: Britta Rungwerth, Düsseldorf unter Verwendung von Bildern von © Fotolia.com: jd - photodesign.de; © iStock: Plociennik Robert
Fotos: André Niedostadek, außer:
S. 137: Sabine Kiel; S. 161: Foto Gregor/Gernrode

FSC www.fsc.org
MIX
Papier aus verantwortungsvollen Quellen
FSC® C011279

Druck und Bindung: LUC GmbH, Greven
ISBN 978-3-7700-2484-1

www.droste-verlag.de